Schau in die Welt so
vielgestaltig,
sorgfältig, doch nicht
sorgenfaltig!
Eugen Roth

Gute Besserung wünschen von
Herzen Bruni + Willi Klosch

Untermeitingen im März 2001

BROCKHAUS!

Da staunt der
Fachmann …

BROCKHAUS!
Was so nicht im Lexikon steht

Unter diesem Titel erscheint jedes Jahr
ein Tageskalender.

Die schönsten Geschichten aus
den Kalendern der letzten Jahre wurden
in Sammelbänden veröffentlicht.
Bisher liegen vor:

BROCKHAUS!
Was so nicht im Lexikon steht

BROCKHAUS!
Merkwürdiges, Kurioses und Schlaues

BROCKHAUS!
Ganz schön merkwürdig

BROCKHAUS!

Da staunt der Fachmann …

Was so nicht
im Lexikon steht

F. A. Brockhaus
Leipzig · Mannheim

Texte von Joachim Heimannsberg,
illustriert von Michael Meier
Redaktion: Irmgard Theobald

Die Deutsche Bibliothek – CIP-Einheitsaufnahme
Ein Titeldatensatz für diese Publikation ist bei
Der Deutschen Bibliothek erhältlich

Satz und Grafik: Harold Vits, Mannheim
Druck: kro druck, Karlsruhe
Bindung: Großbuchbinderei Weinsberg
Printed in Germany
ISBN 3-7653-1554-0

Liebe Leserin, lieber Leser,

bei der Arbeit an unseren Nachschlagewerken, die seit Generationen als zuverlässige Helfer in allen Wissensfragen gelten, stoßen wir oft auf interessante Einzelheiten, kuriose Details und merkwürdige Begebenheiten.
Wir möchten Ihnen in diesem Band eine bunte Auswahl solcher Leckerbissen aus der Welt des Wissens anbieten, in Form von verblüffend nahe liegenden Fragen und ebenso amüsanten wie informativen Antworten.

Begleiten Sie uns durch sieben spannende Kapitel:

Wir wünschen Ihnen viel Vergnügen!

Ihre BROCKHAUS-Lexikonredaktion

1. Kapitel

Was Mensch so braucht

Megacool.

Wer trug die ersten

Sonnenbrillen?

Schon lange vor dem frühen 15. Jahrhundert trugen **chinesische Richter** geschwärzte Augengläser aus Quarz, um nicht durch ihren Augenausdruck ihre Bewertung der Verhandlung zu verraten. Als 1430 die ersten geschliffenen Augengläser aus Italien nach China kamen, griffen gleich wieder die Richter zu und schwärzten sie zu ihren Zwecken.
Den Durchbruch schafften Brillen zum Schutze vor gleißendem Sonnenlicht erst im 20. Jahrhundert, als das amerikanische Air Corps bei der Optikfirma Bausch & Lamb Schutzbrillen für seine Piloten in Auftrag gab, die in immer größere Flughöhen vordrangen. Sie wurden gratis unter der Bezeichnung „Ray Ban“ (Strahlenbann) verteilt. Dann wurde die Entwicklung rasant. Und heutzutage kann man mit Sonnenbrillen auch ganz cool in der U-Bahn fahren.

Da *sauste* noch der Frack.

Woher kommt der Schwalbenschwanz?

Das ach so feierliche Kleidungsstück war **vor knapp 200 Jahren noch eine Reitjacke**. Und die sieht man ihm heute noch an: Die langen Rockschöße waren geteilt, damit sie am Pferd bequem zu beiden Seiten herabhängen konnten. Störten sie bei einer etwas heftigeren Galoppade dennoch, so konnte man sie an den beiden Knöpfen befestigen, die sich auch heute noch in Taillenhöhe des Fracks finden.
Auch die Frackhose weist ein reiterliches Relikt auf. Ihre Biesen deuten die Knopfleisten der Reithosen an Knie oder Knöchel an. Vorne war die Reitjacke kurz und schräg angeschnitten, um den Beinen die gehörige Bewegungsfreiheit zu verschaffen. Und heutzutage den Armen und Beinen des Konzertpianisten.

150 LINKS, 150 RECHTS …

Was brachte die zweite Frau Kaiser Maximilians I. mit in die Ehe?

Als der Römische König und Kaiser Maximilian I. (*1459, †1519) im Jahre 1493 zum zweiten Mal heiratete, war er selbst nicht dabei. Zur Hochzeit mit Bianca Maria Sforza, Nichte von Lodovico il Moro, Herzog von Mailand, schickte er einen Stellvertreter. Er hat sicher etwas verpasst, denn die Zeremonie fand unter der künstlerischen Leitung Leonardo da Vincis statt.

Die Dame war nicht ganz standesgemäß, aber was zählte, war ihre Mitgift: 400 000 Dukaten, Schmuck im Wert von 40 000 Dukaten, **300 goldene Stricknadeln** und einen silbernen Nachttopf brachte sie mit über die Alpen. Bianca Maria soll recht kapriziös gewesen sein und an der „Dörrsucht" (?) gelitten haben. Am Silvesterabend 1510 starb sie an ihrer Vorliebe für Muschelgerichte. Da hatte sich Maxi schon lange wieder seinen „Schlafweibern" zugewendet.

DER BOWLER:

die passende Krimikleidung für den Inspektor.

Und wer war Bowler?

Die **Londoner Hutmacher Thomas und William Bowler** erhielten 1849 von der Firma Lock & Co. den Auftrag, für deren Kunden William Coke aus Holkham, Norfolk, einen speziellen Hut herzustellen, der Mr. Coke bei der Jagd vor niedrig hängenden Zweigen schützen sollte.
Am 17.12. des Jahres fand sich Coke zur Abholung bei Lock ein und schockte die Anwesenden dadurch, dass er den Hut erst mal auf den Boden legte und kräftig drauftrat. Der hielt das aus, Coke setzte ihn sich auf den Kopf und berappte klaglos die verlangten 12 Shilling. Während schon bald darauf alle Welt die Hüte nach ihren Produzenten „Bowler“ nannte, bevorzugt Lock & Co. noch heute die Bezeichnung „Coke“.

Überflüssig, aber stilvoll!

Seit wann gibt es Manschettenknöpfe?

Die Ursprünge der eleganten Accessoires liegen **im 16. Jahrhundert**. Damals sah die höfische Kleiderordnung flattrige Hemden mit Spitzenärmeln vor, die mit Bändchen gehalten wurden. Später benutzte man zwei mit einem Kettchen verbundene Knöpfe.
Gegen Ende des 19. Jahrhunderts brachten Uniformen und steife Hemden die noch heute gern verwendeten stabilen Manschettenknöpfe in Gebrauch. Und natürlich sorgte auch ihr Potenzial als Schmuck und Statusobjekt für ihre Verbreitung. Fabergé fertigte sie als Hofjuwelier des Zaren aus Diamanten und Rubinen, später schufen auch die Juweliere Tiffany und Cartier edelste Stücke.
Auch als Kunstobjekte werden Manschettenknöpfe gesammelt, denn viele Künstler, unter ihnen Picasso, Braque und Dalí, haben Entwürfe für sie gestaltet.

Very trendy!

Welchem Windsor verdanken wir den Knoten?

Eduard (*1894, †1972), 1936 kurz als VIII. seines Namens King, dann den Rest seines Lebens Herzog von Windsor. Auch er war lange Prince of Wales, und in dieser Zeit kreierte er nicht nur eine unsterbliche Methode, den Schlips zu binden.
Gesellschaftsfähig und populär machte er außerdem die Hosenaufschläge, den Shetlandpulli, die Wildlederschuhe, mitternachtsblaue Smokings und hohe Hemdkragen (wann kommen die wieder?).
Auch sein Großvater, Eduard VII. (von dem man wissen muss, dass er seinen Neffen Wilhelm Zwo nicht ausstehen konnte), gehört zu den bedeutenden Monarchen: Er schenkte uns die Bügelfalten
und die Sitte, den untersten Westenknopf offen zu lassen.

Ach, wie war es doch vordem ...

Wann wurden die ersten Keuschheitsgürtel gefertigt?

Im frühen 19. Jahrhundert. Nein, die Kreuzritter, Burgfräulein und das ganze rückständige mittelalterliche Gesocks kannten keine Keuschheitsgürtel! Das wurde alles später von Historikern und anderen fantasiebegabten Schreiberlingen erfunden. Nach Tests und entsprechenden Datierungen haben inzwischen u. a. das Germanische Nationalmuseum in Nürnberg und das British Museum in London die kunstvollen Gerätschaften still und leise aus den Auslagen geräumt.

Wohl die berechtigte Folgefrage.

Was machte man im letzten Jahrhundert mit Keuschheitsgürteln?

Auch von der Mär, dass gestrenge Ehemänner mit Keuschheitsgürteln die Treue ihrer Gattinnen sichern wollten, muss leider Abschied genommen werden.
Die meisten wurden im viktorianischen England von weiblichen Hausangestellten gekauft und durchaus freiwillig getragen: Sie stellten einen hervorragenden **Schutz vor den Nachstellungen** der sexuell frustrierten Dienstherren dar.
Andere KG-Modelle dienten mit ihren Nieten, Nägeln und Stöpseln offensichtlich SM-Praktiken.
Wir sind einfach nur noch schockiert!

Skandal um Mona.

Der erste Striptease?

Sicher wurden schon zu allen Zeiten in verrufenen Spelunken und auf Laster-Events der Reichen diverse Entkleidungsvorführungen veranstaltet, aber die Initialzündung für die erste Striptease-Bühnenshow gab Mona. **Am 9. Februar 1893 entledigte sich das Künstlermodell** bei einem Künstlerball im Moulin-Rouge **der Wäsche**, was ihr prompt 100 Francs Strafe einbrachte.
Das führte zu einer veritablen Studentenrevolte im Quartier Latin und die Armee musste einschreiten, um die aufgebrachte Menge vom Sturm auf die Polizeipräfektur abzuhalten. Im Jahr darauf kam dann in der Music Hall Divan Fayouau der Striptease auf die Bühne. Es wurde die szenische Darstellung gewählt. Titel: „Yvonne geht zu Bett“ und „Der Floh“.

Ohne Quietscheente.

Welchen Badespaßes wegen ging Earl Caroll in den Knast?

Im Anschluss an die Vorstellung des Stückes „Vanities" (!) fand am 22. Februar 1922 im Earl Caroll Theater in New York noch eine heiße Party statt. Als Höhepunkt wurde auf der Bühne **eine Badewanne mit Champagner** gefüllt und ein nacktes Chormädchen plantschte fröhlich darin herum, während die Herren sich brav anstellten, um ihre Gläser mit dem köstlichen Nass zu füllen.
Leider war gerade Prohibition und die Gerichte verstanden da überhaupt keinen Spaß: Earl Caroll wurde zu einem Jahr und einem Tag Gefängnis verurteilt und erlitt einen Nervenzusammenbruch.
Ein gewisses Maß an Mitgefühl war aber noch vorhanden und seinen Mitgefangenen wurde eingeschärft, in Carolls Anwesenheit Badewannen nicht zu erwähnen.

Da bleibt kein Auge trocken.

Wo kann man das professionelle Schnapssaufen lernen?

Auf der alljährlich ausgetragenen **Schnapsolympiade „Destillata" in Bad Kleinkirchheim**, 50 km von Klagenfurt entfernt. Neben der Präsentation neuester Brenngerätschaften werden 1200 eingereichte Edelbrände aus Mirabelle, Kirsche, Birne, Apfel, Vogelbeere, Zwetschge, Bier, Wein usw. probiert und prämiert.
Abgerundet wird das Festival mit Brennkursen für Anfänger und Fortgeschrittene („Doppelt brennen") in deutscher und englischer Sprache und einem „Verkostertraining", das vom Leiter der Abteilung „Verflüssigung von Obst und Gemüse" an der Forschungsanstalt Wädenswil durchgeführt wird. Dass am Schluss der Veranstaltung nur noch blind verkostet wird, liegt in der Natur der Sache …

Bläulich schimmert der Gin Tonic …

Gin oder Tonic?

Es ist **das Tonicwater**, das bei bestimmtem Licht ein geheimnisvoll leuchtendes Blau annimmt. Verantwortlich dafür sind die Beimengungen von Chininsulfat. Westliche Besucher der Tropen nahmen es täglich mit Wasser zu sich, um sich vor der Malaria zu schützen. Natürlich waren die Dosierungen stärker als im heutigen Tonicwater und so mancher fügte seinem Gesundheitsdrink zur Geschmacksoptimierung einen kräftigen Schluck Gin hinzu.
Beobachtet wurde das blaue Leuchten, die Fluoreszenz, zuerst von dem Astronomen John Herschel (*1792, †1871). Es entsteht dadurch, dass eine Lösung von Chininsulfat lediglich die Energie der ultravioletten Strahlung absorbiert und wieder abgibt. Der Gin stört diesen hübschen Effekt ganz und gar nicht.

Oh, diese Pharisäer!

Zu welchem Anlass wurde das Friesengetränk auf seinen Namen getauft?

Anlässlich der Taufe der am 29. Februar 1872 auf der Insel Nordstrand vor Husum **geborenen Johanna Theodora Katharina.** Die Nordstrander waren mit dem äußerst sittenstrengen Pastor Gustav Beyer geplagt, der keine Gelegenheit ausließ, ihre gottlose Trinkfreudigkeit anzuprangern. Um von Predigten ungestört zu feiern, kreierten sie folgendes Getränk: 2 große Eierbecher Rum, 2 Stücke Zucker, aufgefüllt mit Mokka. Obendrauf kam Schafsahne, da sie am besten auf der Flüssigkeit schwimmt und den Rumgeruch vor unliebsamen Nasen verbirgt.
Der Pastorenkaffee wurde natürlich stets ohne Rum gereicht, bis es im allgemeinen Vollrausch zu einer Verwechslung kam. Pastor Beyer stöhnte mit der Inbrunst des gerechten Mannes nur: „Ihr Pharisäer."
Damit hatte die Grogvariation ihren Namen weg!

Mit wem soll der Salat

gemacht werden:

mit Irmgard, Selma oder

Christa?

Egal, wie ansehnlich Irmgard oder Christa auch sein mögen, bitte nur **mit Selma**. Denn für Kartoffelsalat sind nur die fest kochenden Sorten wie Sieglinde, Hansa, Nicola, Cilena, Exquisa und eben Selma geeignet. Mehlige nehmen Sie für Püree, Knödel, Gnocchi, Puffer, Suppe, Soufflés und Pommes – also Irmgard, Bintje, Primura, Aula und Saturna. Mit den vorwiegend fest kochenden Sorten Christa, Agria, Quarta, Saskia, Secura, Solara, Granola, Sirtema, Accent, Rita, Hela, Bamberger Hörnle, La Ratte und Desiree gelingen aufs Köstlichste Gratin, Auflauf, Rösti, Pellkartoffeln, Eintöpfe und last but not least Bratkartoffeln.
Zuweilen ist der „Trüffel des Bürgers“ etwas teurer. Der Preis für „Moossieglinde“ liegt um mehr als das Zehnfache über dem durchschnittlichen Knollenpreis.

Krapfen mit Loch.

Wie sollte der Erfinder
des Doughnuts
geehrt werden?

Wirklich oder der Legende nach hat Hanson Gregory, ein Kapitän aus Maine, Anno Domini 1847 in die Krapfen seiner Mutter Löcher gebohrt, damit diese gleichmäßiger ausgebacken wurden. Diese Tat von kulturhistorischem Ausmaß blieb nicht ohne Echo.
Auf der Weltausstellung 1939 in New York wurde das Modell einer **Gregory-Gedächtnisstatue** gezeigt. Sie sollte auf der Spitze des Mount Battie in Maine errichtet werden – zwischen 80 und 100 Metern hoch – und durch eine prächtige Flutlichtbeleuchtung nächtens noch 50 Meilen draußen auf See sichtbar sein. Wir brauchen wohl kaum zu erwähnen, dass das herrliche Projekt scheiterte!

Jonglieren im Alltag:

Warum brauchen Chinesen keine Messer und Gabeln zum Essen?

Der Gebrauch der Essstäbchen hängt mit den, wie immer bei diesem Erdenvölkchen, jahrtausendealten Essens- und Benimmregeln zusammen. Als absolut degoutant und natürlich barbarisch betrachten es die Bewohner des Reichs der Mitte seit jeher, große Stücke Fleisch oder Fisch auf den Tisch zu bringen. Denn das Tranchieren oder Filetieren kann man ja vorher in der Küche bewerkstelligen: „Wir sitzen bei Tisch, um zu essen, und nicht, um gebratene Tiere zu zerlegen“ (altes chinesisches Sprichwort).
Für die **mundgerechten Häppchen** sind die „Kuaitse“, die Essstäbchen, absolut ausreichend. Als die Venezianer im 14. Jahrhundert Europa mit der Sitte des vorbereiteten Bissens bekannt machten, fand man das im Essensreich des Hauens und Stechens schlicht affektiert.

Wer zählt die Heiligen,
nennt die Namen.

Und die für

Küche, Speis und Trank?

Über hundert Schutzpatroninnen und -patrone sind es, die sich im umrissenen Bereich nützlich machen. Beginnen wir mit der wichtigsten, der für den Kater: Santa Viviana. Selbst in Maßen dem Trunke ergeben, beschützt sie von täglich bis quartal alle Alkoholiker.

Auch Sankt Martin war nicht nur Gänsefreund, sondern gilt noch heute als Patron der Winzer, Weinliebhaber und Weinservierer. Die heilige Elisabeth ist für die Bäcker zuständig, St. Wenzel für Biertrinker und -brauer. Die heilige Brigitte konnte Wasser in Milch verwandeln und nimmt sich folglich der Molker und Käser an. (Sie hatte auch eine Vision, nach der die Himmelsbewohner einen riesigen Biersee aussaufen dürfen.) Und in und um Küche schwört alles auf eine: die heilige Martha, und nichts als sie.

2. Kapitel

Wörtlich, namentlich

Mein Name ist Hase.

Wer war Hase?

Sogar ein von Hase. Victor von Hase war **ein Heidelberger Jurastudent**, der einem Kommilitonen, der bei einem Duell seinen Kontrahenten erschossen hatte, zur Flucht nach Frankreich verholfen hatte. Dazu war angeblich sein Studentenausweis verloren gegangen. Als der jedoch bei dem Flüchtigen in Frankreich gefunden und ans Heidelberger Gericht überstellt worden war, musste Hase 1843 vor den Kadi.

Seine überzeugenden Eingangsworte bei der Verhandlung sind den Deutschen bis heute als geniale Verteidigungsstrategie in Erinnerung geblieben. Hase sagte: „Mein Name ist Hase, ich verneine die Gegenfragen, ich weiß von nichts."

Wenn es nicht der wahre Jakob ist …

Wer ist es dann?

Der wahre Jakob ist der **Apostel Jakobus**, Schutzpatron Spaniens und begraben in Santiago de Compostela. Der starb zwar laut Apostelgeschichte 12, 2 unter Herodes Agrippa 44 n. Chr. den Märtyrertod, aber das kann nicht der richtige Jakob gewesen sein, denn im 7. Jahrhundert wurden schriftliche Beweise erbracht, dass er nach Spanien übergesetzt habe und bis zu seinem natürlichen Tod dort wirkte. Umstritten war zunächst noch seine Grabstätte, aber man einigte sich relativ rasch auf Santiago de Compostela, das nach Rom zum zweitwichtigsten Pilgerziel wurde. Reliquienhändler hatten mit Jakobs Überresten wenig Chancen. Die konnten nicht vom wahren Jakob sein, denn der lag und liegt ja in Santiago!

Die gelbe Gefahr!

Warum gelb?

Erst im 18. Jahrhundert, mit dem Aufkommen von theoretischen Rasseneinteilungen, machten sich einige Schreibtischtäter, die einen Chinesen im ganzen Leben nicht zu Gesicht bekamen, daran, sie für gelb zu erklären. In einem verbreiteten Handbuch beschrieb etwa ein Göttinger Professor die mongolische Rasse als „meist waizengelb (theils wie gekochte Quitten, oder wie getrocknete Citronenschaalen)". Die Vorliebe der Chinesen für die Farbe Gelb **kam den Vorurteilen natürlich entgegen**. Da gibt es den „Gelben Fluss" und den sagenhaften „Gelben Kaiser", und der letzte Kaiser Pu Yi (*1906, †1967) schreibt: „Die Dachziegel waren gelb, die Sänfte war gelb, das Futter meiner Kleider und Hüte, die Schalen und Teller … Es gab nichts um mich, was nicht gelb war." Außer der Haut seiner Landsleute natürlich!

Rapunzel, Rapunzel …

Und wenn statt des Haars ein Korb kam?

Einen Korb bekam in alten Zeiten so mancher Freier, der zur Liebsten wollte. Die Damen ließen dann einen solchen herab und zogen den Verehrer hinauf (hoffentlich war ein Flaschenzug zur Hand).
Es gab aber natürlich auch unerwünschte Bewerber und die holten sich einen speziellen Korb; nämlich einen, **dessen Boden morsch war und das Fensterln unliebsam und eventuell schmerzhaft beendete**.
Im Laufe der Zeit verfeinerten sich die Bräuche ein wenig und der abgelehnte Bittsteller erhielt gleich einen bodenlosen Korb ins Haus gesandt. Wurde er jedoch erhört, konnte er sich wie der Hahn im Korbe fühlen!

Der englische Gruß:

Warum ist er heutzutage nicht mehr üblich?

Gegrüßet seist du … Der englische Gruß ist die Begrüßung des Erzengels Gabriel für die Jungfrau Maria. „Englisch“ wurde früher im Deutschen im Sinne von „den Engeln eigen“ und „engelsgleich, unübertrefflich“ verwandt. Da gab es Ausrufe wie „O, das ist englisch“ und „englische Schönheiten“; „englische Stimme“, „englischer Verstand“ schwirrten durch die Konversation.
Dass dies **auf die Dauer kein haltbarer Zustand** war, liegt auf der Hand. Und so sind heute zum Beispiel Goethes Verse: „Sie stellen wie vom Himmel sich gesandt / und lispeln englisch, wenn sie lügen“ (Faust 1141) durchaus erklärungsbedürftig.

Kein Gott der Märklin-Freunde!

Wer schuf die „allerhöchste Eisenbahn“?

Der Lokalliterat Adolf Glaßbrenner (*1810, †1876), im letzten Jahrhundert eine der Stützen Berliner Humors. In einer seiner Possen, dem „Heiratsantrag in der Niederwallstraße", lässt er einen leicht verwirrten und zerstreuten Mann auftreten, dessen Eigenart es ist, ständig Begriffe zu vertauschen. Einer seiner markantesten Sätze ist: „Es ist die allerhöchste Eisenbahn, die Zeit ist schon vor drei Stunden anjekommen." Danke und tschüs fürs Lesen!

Da wiehert der Amtsschimmel!

Und wie kam der

Amtmann zum Pferd?

Ausgestattet wurde er damit in Österreich, aber bestimmt nicht von der Spanischen Hofreitschule. Die berühmt-berüchtigten Kanzleien der k.u.k.-Bürokratie arbeiteten natürlich mit vorgefertigten Musterformularen und diese wurden „Simile“ (von lat. similis = ähnlich, gleich) genannt.
Der Volksmund bespöttelte die Amtsschreiberlinge demzufolge als **Similereiter**. Der Schimmelreiter ist also weder Deichgraf, noch hält er sich ein edles Ross in der Amtsstube.

Warum hat

die „Tasse Kaffee“

so gar nichts

Deutsches an sich?

Weil sowohl die damit bezeichneten Gegenstände wie auch die Wörter selbst **aus dem Morgenland** stammen. Das arabische Wort „tasa“ leitet sich vom persischen „tašt“, „Becken, Untertasse“, her.
Die Tasse – Wort und Ding – kamen mit der Einführung fremdländischer Getränke und feinen Geschirrs quasi in einer Zangenbewegung, über die Araber Siziliens und die Mauren Spaniens, zu uns. Zu den neuen Getränken zählte natürlich vor allem „qahwa“, der Kaffee. Das altarabische Wort bezeichnete ursprünglich den Wein, der allerdings durch den Kaffee sinngemäß und real verdrängt wurde.
Der Kaffeebaum stammt aus der äthiopischen Provinz Kaffa. Von dort wurde der Kaffee hauptsächlich zum südarabischen Hafen Mokka am Roten Meer verschifft. Daher der Name unseres schmackhaften Getränks!

Picknickzeit – Thermosflaschenzeit.

Beides englisch?

An das Urbritische eines Picknicks würden wir nie zu rühren wagen, das mit der „Thermos Bottle" gestaltet sich etwas verwickelter. Der schottische Physiker und Chemiker James Dewar (*1842, †1923) entwickelte für seine Laborzwecke 1892 das so genannte Dewar-Gefäß, ein doppelwandiges Vakuumgefäß, dessen mit einer dünnen Silberschicht überzogene innere Glaswandung die Wärmeabstrahlung noch weiter herabsetzte.
Dewars deutscher Glasbläser, der helle Reinhold Burger aus Berlin, entwarf dazu eine Haushalts-/Freiluftversion mit Metallschutzhülle und ließ sich das rechtlich ungeschützte Ding 1903 patentieren. Per Preisausschreiben suchte und fand er dafür den idealen Namen: „Thermosflasche".

Hermetisch abgeriegelt …

War Hermes hier am Werke?

Das Wort „hermetisch“ schillert in den Nuancen abgedichtet (z. B. gegen Luft) und geheimnisvoll, verborgen. Beide Bedeutungen haben mit dem griechischen Götterboten, Wegbegleiter in Schlaf und Traum und in die Unterwelt direkt nichts zu tun. Namenspatron ist vielmehr **Hermes Trismegistos**, der dreimal Größte, griechisch für den ägyptischen Thot, den Gott der Weisheit, Beschützer der Schreiber und Beamten, Herrscher über alle Maße und Zahlen. Er weiß wie kein anderer Dinge zu verbergen, unzugänglich zu machen und mit unerbrechbaren Siegeln Behältnisse zu verschließen. Die auf ihn zurückgehenden hermetischen Schriften waren Basis einer mystischen Bewegung der ersten nachchristlichen Jahrhunderte, die bis in unsere Zeit nachwirkt. Aber natürlich nur hermetisch.

Bewahre uns!

Wo wird gerne

AMOK

gelaufen?

Bei den Malaien. Seit dem 16. Jahrhundert sind viele Fälle belegt, in denen Angehörige des südostasiatischen Volkes plötzlich und anscheinend grundlos mit einem Messer losstürmen und alle niedermetzeln, die ihnen in den Weg kommen, bis sie letztendlich selber getötet werden. Das scheint früher noch häufiger vorgekommen zu sein, denn es wird berichtet, dass in den Dörfern große Gabeln bereitstanden, um Amokläufer zu stoppen.
Das Wort Amok ist das einzige malaiische im deutschen Wortschatz und bedeutet so viel wie Wut. Psychologische Erklärungen wie „erweiterter Selbstmord" und „unbewältigte Konflikte" wirken angesichts des mysteriösen Geschehens etwas hilflos.

Wie kam die
Dicke Bertha
zu ihrem Mann?

Aufgrund der auffälligen Ähnlichkeit zwischen den von den Deutschen im 1. Weltkrieg eingesetzten großen, kurzläufigen Mörsern der Firma Krupp und der kurzen, untersetzten Figur von Bertha Krupp von Bohlen und Halbach (*1886, †1957) nannte man die Mörser „Dicke Berta".
Bertha, Urenkelin des Firmengründers, erbte das Unternehmen von Vater Friedrich Alfred, der 1902 Selbstmord begangen hatte, nachdem die italienische Polizei Fotos veröffentlicht hatte, die ihn bei homoerotischen Lustbarkeiten zeigten. Ein Waffenimperium in Händen einer Frau …, **da schritt Kaiser Wilhelm II. persönlich ein** und stattete sie mit einem genehmen Gatten, Gustav von Bohlen und Halbach, aus. Bertha überlebte Kanonen, Kaiser und Ehemann und starb friedlich in der Bundesrepublik.

Kein x *für ein* u!

Wer schenkte uns

das x-Beliebige?

Die Araber. Die arabischen Mathematiker nannten eine unbekannte Größe „šai'“ (Sache) und kürzten sie zu š ab. Da die Spanier damals ihr x wie š aussprachen, schrieben sie es denn auch so.
Der Franzose René Descartes entwickelte daraus die Reihe der Unbekannten x, y, z. Und so wurde durch die Variable im Abendland alles x-beliebig und man muss immer alles x-mal sagen, bevor eine Sache erledigt wird!

DREIMAL SCHWARZER KATER.

Wem verdanken wir

das Simsalabim?

Die im entscheidenden Augenblick einer Zauberaktion auszurufende Formel stammt **aus dem Koran**. Dort wird jede Sure eingeleitet mit: „Bis-mi llahi r-rahmani r-rahimi." Und das heißt: Im Namen des barmherzigen und gnädigen Gottes. Dieser Ausruf ertönt in den islamischen Ländern tagtäglich in vielen Lebenssituationen.

Die verkürzte deutsche Form ironisiert dies entstellend, behält aber doch das Beschwörende und erhöht ihre Wirksamkeit in Verbindung mit dem aus dem antiken Buchstabenzauber entstandenen Abrakadabra.

STETS
ZU
DIENSTEN.

Zu welchem nicht?

Zum Bärendienst, den wir Ihnen nicht erweisen wollen. Diese ungeliebte Art Gefallen wird von Jean de La Fontaine (*1621, †1695) fabelhaft gültig dargestellt, wenn er „Vom Bären und dem Gartenfreund“ erzählt.
Der rührende Bär erspäht darin auf der Nase des Hobbygärtners eine Fliege und will ihn in seiner warmherzigen Anteilnahme davon befreien. Aber wie Bären halt so sind, hält er ein grobes Mittel für das probate und erlegt das lästige Insekt mit einem meisterhaften Steinwurf. Sein Kumpel beißt daraufhin mit zerschmettertem Schädel gleich mit der Fliege ins Gras. Und die Moral? Ach, denken Sie sich doch selbst irgendeine aus!

Das Neandertal

gab dem

Neandertaler

seinen Namen.

Und wer

dem Neandertal?

Der evangelische Kirchenlieddichter **Joachim Neander** (*1650, †1680). 1674 wurde er Rektor der Düsseldorfer Lateinschule und pflegte des Öfteren Richtung Elberfeld ein kleines Tal aufzusuchen. Bizarre Kalkfelsen, bunte Pflanzenvielfalt und das Flüsschen Düssel sorgten für die rechte Kulisse zur Übung der Sangeskunst und Entfaltung der poetischen Ader. Es war bekanntermaßen „sein" Tal und schon kurz nach seinem frühen Tod war auf einer Karte das „Neandertal" eingezeichnet.
Er brachte es immerhin auf eine Gesamtausgabe seiner Dichtung unter dem Titel „A et O, Joachim Neandri Glaub- und Liebesübung" und „Lobe den Herren" wird noch heute gesungen. Hundertachtzig Jahre nach seiner persönlichen Entdeckung machte eine andere seinen Namen weltbekannt.

Auf gut Deutsch:

abgehauen.

Wie verabschiedet

man sich in Spanien?

Wie im Deutschen **empfiehlt man sich dort „auf Französisch“** und auch in Großbritannien ist der „french leave“ bekannt. Die Gegenfraktion wird natürlich von Frankreich angeführt, wo das „filer à l’anglaise“ ebenso wie in Russland und Polen als Eigenart der Briten gehandelt wird.
Auf deren Sprachseite sind wir dann wieder bei den „Parisern“, den englischen „frenchies“, während die Franzosen Kondome eher für englische Kapuzenmäntel, „capotes anglaises“, halten. Doch treulos wechseln wir dann wieder die Fronten, halten klauen für „englisch einkaufen“ und habens (je nach Belieben) im Amourösen auch gerne französisch.

Wir hattens ja schon mal französisch.

Warum kommt uns so manches spanisch vor?

Die Zeiten, in denen in unserem Land allem Spanischen mit ausgesprochenem Misstrauen begegnet wurde, sind lange vorbei. Es waren die Zeiten des spanischen Königs Karl V. (*1500, †1558), den der Papst 1530 auch noch zum Kaiser krönte. Da wurden allenthalben spanische Sitten und Gepflogenheiten eingeführt und auch die Inquisition versuchte in Deutschland mächtig aufzuräumen. Die Protestanten mühten sich nach Kräften, **alles Spanische in Schmähschriften und -reden in Misskredit zu bringen.** Und die Geschehnisse des Dreißigjährigen Krieges hoben auch nicht gerade das Renommee. Aber einmal abgezogen, blieb vom Ressentiment nicht viel mehr als eine Redensart.

3. Kapitel

Gefunden, erfunden, erlebt

In welchem seiner Werke

hat Albrecht Dürer

ein magisches Quadrat

dargestellt?

In dem 1514 entstandenen Kupferstich **Melancolia I** ist eine Tafel zu sehen mit den Zahlen:

16	3	2	13
5	10	11	8
9	6	7	12
4	15	14	1

Abgesehen von der Summengleichheit in den Vertikalen, Horizontalen und Diagonalen sind – neben dem Entstehungsjahr in der unteren Reihe – in diesem Quadrat noch andere wundersame Entdeckungen zu machen. Ersetzt man die Zahlen durch ihre Quadratzahlen, so ist die Summe der ersten beiden Reihen (oder Spalten) gleich der Summe der letzten beiden und die Summe der ungeraden Reihen (oder Spalten) der der geraden; zudem ist die Summe der Zahlen in den Diagonalen gleich der in den Geraden. usw., usw.

Eilt seit einer Weile:

Welche Monumentaluhr wurde vor 500 Jahren eingeweiht?

Am 1. Februar 1499 wurde **die Turmuhr** (samt Turm) **am Markusplatz von Venedig** eingeweiht. Das dem Platz zugewandte astronomische Zifferblatt hat einen Durchmesser von viereinhalb Metern. Auf den äußeren Ring mit seiner 24-Stunden-Einteilung weist ein Sonnenzeiger, der sich, ganz ptolemäisch, um die Erde im Zentrum dreht. Fast simultan mit diesem Zeiger wandert der nächste Ring mit den Tierkreiszeichen. Die Mittelscheibe zeigt den Mond in seinen verschiedenen Phasen, der sich pro Lunation einmal um die zentrale Erde bewegt.
Bis 1549 waren hier auch noch die Konstellationen von Jupiter, Mars, Merkur, Saturn und Venus abzulesen. Aber ein missratener Turmwächter verscherbelte die Planeten nebst anderen Teilen des mechanischen Wunderwerks. Möge er in der Hölle braten …

Was verdanken wir dem Sohn des Bonacci?

Von Signore Bonacci senior wissen wir rein gar nichts, dafür einiges von Leonardo von Pisa (*um 1170, † um 1240), seinem Filius, kurz: Fibonacci. Das Rechengenie verfasste nicht nur die erste systematische Einführung in das Rechnen mit indischen Ziffern, sondern fand auch als Hofmathematicus von Kaiser Friedrich II. die höchst originelle **Fibonacci-Folge**. In dieser Zahlenkette stellt jede Zahl die Summe der beiden vorangehenden dar: 1, 1, 2, 3, 5, 8, 13, …
Mit der Zahlenfolge lassen sich unterschiedliche Berechnungen anstellen, die zum Beispiel in der Blattstellungslehre, der Phyllotaxis, ebenso zum Einsatz kommen wie an der Börse. Dort werden mit ihrer Hilfe die so genannten Elliott-Wellen entschlüsselt, die angeblich exakte Voraussagen über Hausse, Baisse und Crash erlauben.

Donner-
littchen.

Wo geschah

das schwerste

Blitzunglück?

In Athlone, mitten in Irland. Am 27. Oktober 1697 wurde dort während eines Sturms nach drei gewaltigen Donnerschlägen das Schloss von einem Blitz („ein wunderbarer, großer Feuerkörper von runder Gestalt", einem Kugelblitz?) getroffen, der den direkten Weg ins Arsenal fand. 260 Pulverfässer und andere Zündstoffe jagten 1000 Musketen, 220 Fässer mit Kugeln und ein riesiges Lager mit kriegerischen Eisenwaren in die Luft.
Das Schloss wurde ebenso wie 64 Häuser auf der Stelle restlos zerstört. Das Übrige fiel dem Feuer zum Opfer. Stadt und Schloss mussten vollständig neu aufgebaut werden. Aber: Glimpflicherweise waren nur acht Tote und 36 Verletzte zu beklagen. „Niemand von Bedeutung getötet", vermeldete ein zeitgenössischer Korrespondent.

Damit war zunächst

kein Blumentopf

zu verdienen.

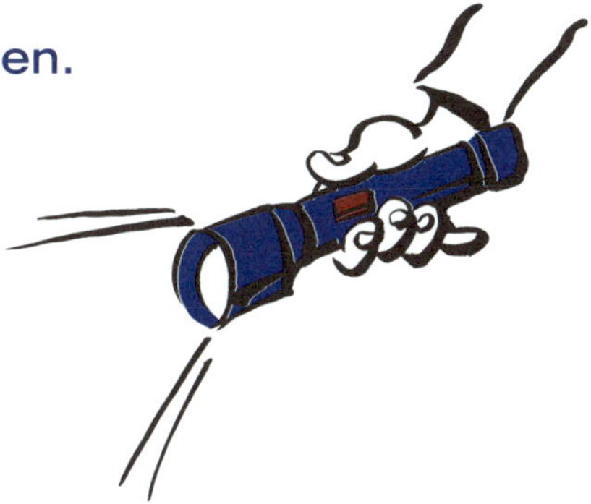

Wer erfand

die Taschenlampe?

Die Taschenlampe wurde um die Jahrhundertwende in New York **von einem russischen Einwanderer** erfunden, der sich für die neue Heimat den Namen Conrad Hubert (†1928) zugelegt hatte (welchen würden Sie wählen?).
Ganz eigentlich war es gar nicht seine Erfindung. Er kaufte jemandem, der schon nicht funktionierende elektrische Türklingeln und Ventilatoren erfunden hatte, das Patent für einen Blumentopf ab, in dessen Erden Mitte eine Stabbatterie in einer Röhre und einem Lämpchen am Ende eingelassen war, das die Pflanze von unten beleuchtete.
Das Ding war nicht gerade ein Renner. Und so warf Conrad Hubert die Töpfe weg, verlängerte das Rohr und meldete sein „tragbares elektrisches Licht" zum Patent an. Das machte ihn zum Millionär!

Kalaschnikow, Bunsenbrenner, Duden …

Warum heißt das PAL-System nicht nach seinem Erfinder?

Genau diese Frage wurde dem Erfinder des Farbfernsehsystems PAL in einem Interview gestellt. „Raten Sie mal!“, antwortete Professor Walter Bruch (*1908, †1990) verschmitzt.
Der langjährige Leiter der Grundlagenforschung bei AEG-Telefunken (ja, die gabs mal!) entwickelte eine wesentliche Verbesserung des amerikanischen NTSC-Systems. Dabei werden auf dem Übertragungsweg entstehende Farbfehler dadurch kompensiert, dass ein mit den Farbensignalen amplitudenmodulierter Farbträger beim Sender und Empfänger Zeile für Zeile umgepolt wird.
Daher auch der Name: **P**hase **A**lternating **L**ine – zeilenweise Phasenveränderung. PAL wurde ab 1967 äußerst erfolgreich in der Bundesrepublik und in zahlreichen anderen Ländern eingeführt.

Ruhig zieht sie ihre Bahn …

Wie stabil fliegt die Erde durchs All?

Da Planeten und Mond mit ihrer Schwerkraft auf die Erde wirken, variiert die Form ihrer Ellipsenbahn mit einer Periode von 100 000 Jahren. Außerdem schwankt die Neigung der Erdachse relativ zu ihrer Umlaufbahnebene um die Sonne alle 40 000 Jahre zwischen 23 und 24 Grad. Schließlich torkelt die Erdachse noch im Verlauf von 25 000 Jahren um eine imaginäre Mittelachse herum, ähnlich wie ein Kreisel, den man seitlich antippt.
Und dann bewegen sich im Innern des Erdmantels ungeheure Mengen geschmolzenen Gesteins, was unserem wunderschönen Planeten eine **ganz schöne Unwucht** verleiht. Wie wir das bis heute so einigermaßen überstanden haben …

Alles wischiwaschi …

Seit wann seift sich die Menschheit ein?

Zwar reinigten sich schon die Hethiter vor 4000 Jahren mit der Asche des saponinhaltigen Seifenkrauts, aber eine richtige Seife war das nicht. Die erste gescheite Seife siedeten **etwa 600 v. Chr.** die Phönizier. Sie köchelten Ziegentalg, Wasser und Pflanzenasche (wegen des Kaliumcarbonats) so lange, bis die Brühe zu fester Seife eingedampft war. Bei diesem Vorgang spalten sich Fettsäuren und Glyzerin ab, die den Schmutz lösen und für die Rückfettung der Haut sorgen. Die heutigen Seifen unterscheiden sich kaum von dieser Seife.

Zwischenzeitlich gab es allerdings schwere Einbrüche in der Seifengeschichte. Im Mittelalter nämlich sandte die katholische Kirche ihren Bannstrahl gegen den unverhüllten Körper. Da wars dann mit dem Waschen etwas schwierig …

Selber Dampfschifffahrtsgesellschaftskapitän.

Wer war der erste erfolgreiche Dampfschiffer?

Robert Fulton (*1765, †1815) baute beileibe nicht das erste brauchbare Dampfschiff, wie die meisten Lexika behaupten. Mit einem funktionstüchtigen Dampfer hatte schon zuvor der amerikanische Erfinder **John Fitch** (*1743, †1798) am 22. August 1787 erstmals den Delaware River befahren. Für einige Zeit hielt er zwischen Philadelphia und Trenton einen regelmäßigen Fährdienst aufrecht. Aber die Passagiere blieben aus und das Unternehmen scheiterte.
1807 unternahm Fulton einen neuen Versuch und baute ein über 40 Meter langes, leistungsstarkes Schiff, das in 32 Stunden den Hudson von New York nach Albany hinauffuhr. Bald besaß er schon eine ganze Flotte dampfbetriebener Schaufelraddampfer und der wirtschaftliche Erfolg sicherte ihm den Platz in den Geschichtsbüchern.

Ohne Karte, Sextant und Kompass.

Wie fand Hägar sich zurecht?

Für ihren Weg von Norwegen übers Meer nach Island oder Grönland **nahmen die Wikinger immer einen Lotsen mit**. So jedenfalls berichten der Chronist Adam von Bremen († um 1081) und der angelsächsische König Alfred der Große (* um 849, † um 899). Die wandelnden Seekarten verfügten über genaueste Kenntnisse von Strömungen und Untiefen entlang der Routen und konnten jeweils in etwa die Position der Schiffe bestimmen.
Funde auf Grönland machen es aber auch wahrscheinlich, dass die grimmen Nordmänner bei klarem Wetter auch mit azimutalen Peilungskreisen arbeiteten, also Berechnungen mit dem Horizontalkreis und dem Vertikalkreis eines Gestirns durchführen konnten. Vielleicht mit ihren gehörnten Mützen?

Barbara war Patin.

Woraus bestand das erste Beruhigungsmittel?

Aus Äpfeln und menschlichem Urin. Wie der Chemiker Adolf von Baeyer (*1835, †1917) 1863 ausgerechnet auf diese merkwürdige Mischung verfiel, ist leider nicht überliefert. Bekannt ist allerdings der Name der Harnstofflieferantin: des Wissenschaftlers damalige Freundin Barbara, eine Münchner Kellnerin. Sie wurde Namenspatronin des Malonylharnstoffes, der Barbitursäure, und ihrer Derivate, der Barbiturate.

Bis zur industriellen Fertigung barbiturathaltiger Schlafmittel sollten allerdings noch einige Jahrzehnte vergehen. Baeyer hatte inzwischen seine Affäre beendet, 1878 erstmalig Indigo synthetisch hergestellt und 1905 den Nobelpreis für Chemie erhalten.

Beim Menschen ist die linke Seite

kälter als die rechte.

Wem verdanken

wir diese verblüffende

Feststellung?

Dem griechischen Philosophen **Aristoteles** (*384, †322 v. Chr.). In seinen Schriften, die bis ins späte Mittelalter wesentliche Grundlage der Wissenschaften waren, steht auch viel Humbug. Der war ohne Überprüfung von den Altvorderen übernommen worden.
Hier eine kleine Auswahl: Im Unterschied zu den Tieren haben Menschen Fleisch an den Beinen. Rebhühner pflanzen sich per Wind oder Stimme fort. Männliche Exemplare von Schafen, Ziegen, Schweinen und Menschen haben mehr Zähne als die weiblichen. Das Blut der Frauen ist dicker und schwärzer. Der hintere Teil des menschlichen Schädels ist leer. Bis ins letzte Jahrhundert hielt sich sogar eine recht leicht zu widerlegende Behauptung: Fliegen haben vier Beine …

Tintenkleckse!

Wer reduzierte sie

auf ein erträgliches Maß?

Der amerikanische Erfinder Lewis Edson Waterman (*1837, †1901). 1884 erhielt er das Patent auf einen neuen Federhalter, der die Besonderheit aufwies, über einen mit Tinte zu füllenden Tank zu verfügen.
Der Füllfederhalter brachte den unschätzbaren Vorteil, dass man die Feder nicht mehr ständig ins Tintenfass tauchen musste.
Zwar war der gute alte Gänsekiel schon durch Stahlfedern abgelöst worden, doch auch bei denen kam es auf dem Weg zwischen Fässchen und Papier ringsherum zu unliebsamen Spuren.

Mach mich nicht nass!

Wo regnets mehr:
in England
oder in Italien?

Hat Ihnen sicherlich widerstrebt, auf Italien zu tippen. Trotzdem: **In Italien** gibt es jährlich im Durchschnitt 950 mm Niederschlag, in England nur 900 (1 mm entspricht 1 Liter pro m^2). Der Städtevergleich der berühmten Regenstadt London mit italienischen Städten fällt noch erstaunlicher aus: London 590 mm, Rom 760, Mailand 1000, Genua gar 1100 mm.
Wie kommts? In England verteilt sich der Regen hübsch regelmäßig übers ganze Jahr, durchschnittlich tröpfelt es jeden zweiten Tag, aber eben auf die zurückhaltende englische Art. Dafür pladdert es in Italien hauptsächlich in Herbst und Winter und wenn, dann richtig. Aber um den Dämpfer für Ihre Italiensehnsucht abzufedern: Im Allgäu regnet es über 2000 mm pro Jahr und vom Bergischen Land wollen wir lieber ganz schweigen!

DER GLEICHMACHER.

Woher stammt

das Gleichheitszeichen?

Wenn Sie jetzt meinen, es gäbe mal wieder eine Geschichte aus Indien, China oder dem alten Arabien: weit gefehlt. Das Gleichheitszeichen (=) taucht **erstmals 1557 in** „The Whetstone of Witte" auf, **einem englischen Buch über Algebra**.
Sein Autor Robert Record, Mitglied des altehrwürdigen Colleges All Souls in Oxford, äußert darin eine verblüffend einfache Erklärung für das verblüffend einfache Zeichen: „Keine zwei Dinge können sich mehr gleichen als zwei parallele Linien."
Man möchte diesem Satz jetzt nicht gleich jubelnd zustimmen, aber ein besseres Gleichungssymbol fällt einem so spontan auch nicht ein.

Was war der größte Vulkanausbruch der letzten Millionen Jahre?

Nach übereinstimmender Meinung der Geologen war das **vor 73 500 Jahren die Eruption des Toba auf Sumatra**. Alles deutet darauf hin, dass um diese Zeit herum auch eine plötzliche Abkühlung der Erdtemperaturen stattfand.
Nach Ansicht von Experten war der Staubmantel in der Atmosphäre so dicht, dass er möglicherweise die letzte Eiszeit ausgelöst hat. Demnach nahm der Schneefall in der nördlichen Hemisphäre dramatisch zu und vergrößerte in gewaltigem Ausmaß die permanente Schneedecke Kanadas. Der Schnee reflektierte das Sonnenlicht, wodurch sich die Erde weiter abkühlte und im Schneeballeffekt in die Eiszeit kullerte.

Welche Wettererscheinung wird Pogonip genannt?

Das Wort Pogonip stammt aus der Sprache der Schoschonen und heißt so viel wie „Weißer Tod". Er entsteht aus dem dichten Nebel, der sich im Winter an den Osthängen der Gebirgsketten der Sierra Nevada bildet. Der **Nebel gefriert in der Luft zu Eiskristallen,** die in kürzester Zeit alle Oberflächen überziehen und in eine Eisblumenlandschaft verzaubern.
Aneinander stoßend sollen die Kristalle in der Luft ein gläsernes Klingeln erzeugen. Indianer und Weiße fürchten den Pogonip gleichermaßen, da sie meinen, das Einatmen der Eisnadeln führe zu tödlichen Lungenerkrankungen. Das trifft zwar nicht zu, aber bereits vorhandene machen sich bei solcher Wetterlage sicher unangenehm bemerkbar.

Sieg des Geistes.

Was brachte Fakir Haridas fertig?

1835 ließ sich der Fakir Haridas im Palast des Maharadschas von Lahore **in einer versiegelten Truhe begraben**. Der gute Mann verschluckte nach tagelangem Fasten immer wieder lange Leinenbinden, um sich damit, wie er sagte, den Magen zu säubern. Gegen Insekten versiegelte er sich Nase und Ohren mit Wachs. Daraufhin rollte er seine Zunge nach hinten, entspannte sich und war, wie Augenzeugen bekundeten, innerhalb von Sekunden in einem Zustand, der vom Tod nicht zu unterscheiden war.

Als er nach 40 Tagen ausgebuddelt wurde, war der Fakir nach belebender Massage wieder quicklebendig. Auf das Begrabenwerden könnte man verzichten, aber so eine indische Wiederbelebungsmassage …

4. Kapitel

In Arkadien

Auch ich in Arkadien.

Wer ist ursprünglich dieses „ich"?

Der Tod. Das gebirgige Arkadien auf dem Peloponnes war durch die Hirtendichtung Vergils (*70, †19 v. Chr.) zu einer den Musen geweihten, entrückten Ideallandschaft geworden. „Et in Arcadia ego“ hieß ursprünglich, dass selbst an diesem glückseligen Ort der Tod zugegen sei.
Die ersten Belege des Ausspruchs finden sich nicht in der Literatur, sondern auf einem Gemälde Guercinos (*getauft 1591, †1666) als Inschrift auf einem Mauerstück, auf dem ein Totenkopf liegt, und auf zwei Gemälden Nicolas Poussins (*1594, †1665) als Inschrift auf einem Sarkophag und einer Grabstätte.
Doch schon bald, besonders im 18. Jahrhundert, verschob sich der Sinn und der Mensch trat als „ich“ auf. In diesem Sinne auch Goethes Motto für seine „Italienische Reise“: auch ich in Arkadien.

VORHER LÄSST SICHS NOCH GUT LACHEN …

Welche Grabinschrift wünschte sich Hemingway?

„Bitte verzeihen Sie, wenn ich nicht aufstehe."

Dem Spaß, sich für den Grabstein eine passende Inschrift auszudenken, frönten auch andere Berühmtheiten. Hier eine kleine Auswahl.

George Bernard Shaw: „Ich habe schon immer geahnt, dass so etwas passiert, wenn ich nur lange genug lebe." – Clark Gable: „Zurück zum Stummfilm." – Zeichner Rube Goldberg: „Lieber Gott, beiliegend Rube Goldberg. Was wirst du nun mit ihm anfangen?" – W. C. Fields: „Eigentlich wäre ich lieber in Philadelphia."

Im Falle, dass er Kannibalen in die Hände fallen würde, wünschte sich Urwalddoktor Albert Schweitzer von ihnen die Grabsteininschrift: „Er war gut bis zu seinem Ende." Leider wurde keiner dieser Wünsche berücksichtigt. Und Ihrer?

Ein Dichter veranstaltete die
Beerdigung
einer Schmeissfliege.

Noch ganz dicht?

Es war der Ehrwürdigsten einer: **Vergil** (*70, †19 v. Chr.), Autor der „Äneis“. In seiner Villa auf dem römischen Esquilin ehrte er sein – nach eigener Aussage – Lieblingshaustier mit einer würdigen Beisetzung. Viele Prominente waren zugegen, für Musik und ein zünftiges Gelage war gesorgt. Die tief bewegende Leichenrede hielt Vergils Freund Maecenas (Namenspatron des Mäzenatentums) und der Hausherr selbst trug zu diesem Anlass verfasste Gedichte vor. Dann nahm ein eigens errichtetes Mausoleum die sterbliche Hülle der Schmeißfliege auf. Der ganze Spaß kostete den Dichter 800 000 Sesterzen.

Vergils Fliege:
Was sollte das Ganze?

Eigentlich eine dumme Frage, denn wer von uns wäre bei dieser bizarren Veranstaltung nicht gerne zugegen gewesen! Aber es kursieren in Historikerkreisen auch böse Hintergedanken, die ebensolche unterstellen. Denn es geschah zur Zeit des zweiten Triumvirats von Oktavian, Lepidus und Marcus Antonius und die planten, **Grundbesitz der Reichen zu beschlagnahmen**, um ihn unter Kriegsveteranen zu verteilen.

Als das Gesetz dann in Kraft trat, machte Vergil Sonderrechte geltend, da sich auf seinem Grund und Boden ein Mausoleum befände. Dem Antrag wurde stattgegeben.

Kind, verdirb dir nicht die Augen!

Wie schädlich ist Lesen unter der Bettdecke?

In jenen Zeiten, als wir vom Lesen nicht lassen konnten, haben wir jede Funzel für unsere Leidenschaft genutzt. Und wenn unsere Eltern die Taschenlampe konfiszierten, verkauften sie uns das auch noch, im guten Glauben natürlich, als gesundheitserhaltende Maßnahme.
Das anstrengende Lesen bei schwachem Licht sorgt im Extremfall **höchstens für Kopfschmerzen**. Unter Augenärzten ist inzwischen unbestritten (Ausnahmen gibt es selbstverständlich), dass es dabei nicht zu Augenschädigungen kommt.

Morgen, Kinder ...

Was gab es bei Goethes ab 1789 an Weihnachten noch zu feiern?

Sohn August (*1789, †1830) **hatte am ersten Weihnachtstag Geburtstag.** 1793 dachte sich der Dichterfürst ein ganz spezielles Geschenk aus, das ihm sowohl für einen Vierjährigen als auch zu Weihnachten äußerst zu conveniren schien: eine Spielzeug-Guillotine. Seine Mutter sollte das Gerät in Frankfurt für ihn auftreiben.
Aber da geriet er bei Frau Rath an die falsche. Die machte ihn brieflich zur Schnecke, wünschte sich die Fabrikanten an die Halseisen und meinte zur „infamen Mordmaschine“: „Die Jugendt mit so etwas abscheuliches spielen zu laßen – ihnen Mord und Blutvergießen als einen Zeitvertreib in die Hände geben – nein da wird nichts draus.“ Gute Seele.

Ohne Thermosflaschen.

Wann fand das denkwürdigste Picknick der Literaturgeschichte statt?

Am 4. Juli 1862. An diesem Tag war Charles Lutwidge Dodgson alias Lewis Carroll mit Alice, Lorina und Edith, den Töchtern des Dean des Christchurch College in Oxford, Henry George Lidell, und seinem Freund Duckworth die Themse hinauf nach Godstow gerudert.
Während der Fahrt und beim Picknick erzählte er von Alice, die einem weißen, sprechenden Kaninchen folgt, in einen Schacht fällt und im Wunderland einigen absonderlichen Gestalten begegnet. Als die Kinder abends um neun wieder am Pfarrhaus von Christchurch abgeliefert werden, bittet die zehnjährige Alice Dodgson darum, er möge das Erzählte doch bitte niederschreiben. Gute Idee!

So stellt man sich ihn nicht vor!

Welcher böhmische Dichter starb an der Fresssucht?

Sein Ruhm beruht auf seinen empfindsamen Naturschilderungen und der Glaube an das „sanfte Gesetz“ der Natur durchzieht sein Werk. Im Leben liebte **Adalbert Stifter** (*1805, †1868) allerdings deftige Kost.
In einem Tagebuch klagte er über seine essbedingten Beschwerden („vielleicht mittags zu viel Schweinsbraten und Krautsalat gegessen“), ohne seinem unmäßigen Hunger Einhalt gebieten zu können. Bitterlich beschwerte er sich über die verordnete Diät, obwohl diese immerhin aus Rindfleisch, gebackenem Kitz oder Schnitzel mit Sardellensoße bestand. Kurz vor seinem Tode unternahm er noch einen Selbstmordversuch – dann schlemmte er sich endgültig zu Tode.

Rom,
Via del Corso 18.

Wer war der

berühmteste Bewohner

dieses Hauses?

Johann Wolfgang von Goethe. Auf der Flucht vor lästigen Ministerpflichten traf der Dichter am 29. Oktober 1786 in Rom ein. Er mietete sich in einer kleinen Pension ein und kündigte sich gleich per Billet dem Maler Tischbein an. Der kam umgehend zu einem kleinen Plausch vorbei und bot Goethe ein Zimmer in seiner Wohnung am Corso an, nur hundert Meter von der Piazza del Popolo entfernt. Am folgenden Tag zog der berühmte Mann, der sich unbeschwert bewegen wollte und sich deshalb Filippo Miller nannte (was die habsburgischen Spione arg verwirrte), bei Tischbein ein. In dieser Wohnung, in der Goethe in der Folgezeit mehr als 14 Monate verbrachte – er bezeichnete dies als die glücklichste Zeit seines Lebens –, ist heute die „Casa di Goethe" untergebracht, geöffnet täglich außer dienstags.

Schreibweisen ändern ist so eine Sache.

Manchmal hilfts –

auch Dichtern?

Ein Beispiel sei den Reformbewegten mit auf den Weg gegeben: Bis um das Jahr 1800 herum schrieb man unseren „Turm“ noch „Thurn“. Beim jungen Schiller liest man noch „der Thurn“ und den Plural „die Thürnen“. Dann aber setzte sich die Schreibweise „Thurm“ durch.
Welch Erleichterung, denn was, bitte, sollte sich wohl auf „Thurn“ reimen? Nun aber konnte der gereifte Dichter im „Lied von der Glocke“ den wirklich starken Vers kreieren:

„Hört ihrs wimmern hoch vom Thurm?
Das ist Sturm!“

Die Große Deutsche Rechtschreibkonferenz von 1901 entschied dann, alle Th-Worte künftig nur mit T zu schreiben. Wieder hundert Jahre später steht der Turm immer noch, seht ihrs?

Einmalig?

Wer war das „Vorbild“ für Dr. Jekyll und Mr. Hyde?

Ein schottischer Kunsttischler namens William Brodie (*1741, †1788). Er war Vorsitzender der Tischlerzunft und Stadtrat in Edinburgh, ein Biedermann sondergleichen, wohlhabend, geachtet, eine Zierde des Gemeinwesens.
Des Nachts jedoch maskierte und verwandelte er sich – in den Hauptmann einer Räuberbande. (Fragt sich, wann er einmal unmaskiert war!) Schließlich wars mit dem Lotter- und Wohlleben zu Ende: Brodie wurde gefasst und gehenkt.
Der Schriftsteller Robert Louis Stevenson (*1850, †1894), selbst gebürtiger Edinburgher, stieß auf Berichte über diesen Fall und fasziniert von der „Doppelnatur des Mannes“, ließ er sich davon zu seiner berühmten Erzählung „Der seltsame Fall des Doctor Jekyll und des Herrn Hyde“ inspirieren.

Leichte Konzentrationsschwächen …

Wo befindet sich

die Kriegsverletzung

Dr. Watsons?

Die **rechte (manchmal auch linke) Hand** des Meisterdetektivs Sherlock Holmes, Dr. Watson, hat – wie Freunde der Baker Street wissen – in einem Afghanistan-Feldzug eine Schussverletzung erlitten. In Arthur Conan Doyles Roman „Studie in Scharlachrot" traf die Kugel allerdings die Schulter, in „Im Zeichen der Vier" hingegen das Bein.
Aber auch Doyles Landsmann Daniel Defoe sorgt in „Robinson Crusoe" für eine Merkwürdigkeit. Der Titelheld zieht sich seine Kleider aus und schwimmt nackt zum gestrandeten Schiff zurück. Dort findet er, „... dass der ganze Vorrat des Schiffes trocken und vom Wasser unberührt geblieben war, und da es mir an Appetit nicht fehlte, ging ich in die Brotkammer, stopfte meine Taschen voll Zwieback ..."
Robinson ein Känguru?

Ein „dunkles Lachen“.

Woran starb
der Autor
dieses Romans?

Er war ein Meister der amerikanischen Short Story und hat deren Entwicklung wesentlich beeinflusst: Sherwood Anderson (*1876, †1941).
Eine seiner Leidenschaften war der Alkohol (bei Schriftstellern spricht man nicht von schweren Trinkern). Er selbst gestand, er könne nur schreiben, „wenn ich ein wenig unter Alkohol stehe". Der Alkohol war nur mittelbar an seinem Tod schuld: Er starb an Bord eines Ozeandampfers auf dem Weg nach Brasilien **an einer Bauchfellentzündung**. Auf einer Cocktailparty hatte er einen Zahnstocher verschluckt!

Vergnügliche Lektüre: die Heiratsannoncen.

Wo erschien die erste?

Die erste Heiratsannonce erschien am 19. Juli 1695 in John Houghtons **„Collection for the Improvement of Husbandry and Trade“** („Husbandry“ ist die Landwirtschaft!). Darin wünschte ein 30-jähriger Herr mit ansehnlichem Besitz eine junge Dame mit einem Vermögen von ca. 3000 £ zu ehelichen.
Schlecht erging es Jungfer Helen Morison, die 1727 im „Manchester Weekly Journal“ ein Heiratsinserat aufgab. Von dieser schamlosen Zurschaustellung ihrer Bedürfnisse aufgebracht, verlangten die Bürger, ein Exempel zu statuieren. Daraufhin schickte der Bürgermeister das beherzte Fräulein für vier Wochen in die Klapsmühle …

5. Kapitel

Von Brennnesseln und Werwölfen

Extra für uns Menschen!

Warum brennen Brennnesseln?

Bei der Berührung mit Nesseln knicken die Köpfchen der Haarnadeln an einer Sollbruchstelle ab, ritzen unsere gar nicht so dünne Haut und schon **wird ein ganz spezielles Gebräu injiziert**. Es besteht aus Histamin, Ameisensäure und Acetylcholin. Acetylcholin ist eine Überträgersubstanz, die Nervenimpulse an den Schaltstellen (Synapsen) weiterleitet, Histamin erhöht die Durchlässigkeit des Gewebes, verbessert damit den Transport des Nervengiftes und sorgt für Entzündungen. Die Ameisensäure schließlich ist ein Teufelszeug, das unter der Haut Zellen zerstört.
Zusammen potenzieren die drei ihre Wirkung optimal. Wer sich das wohl ausgedacht hat …

Einmalig ALT.

Was ist der älteste
noch lebende Organismus
der Erde?

„Kings Lomatia“, eine Pflanze, die im Südwesten Tasmaniens wächst. (Ja, noch immer!) Mit der Kohlenstoffdatierung wurde ihr Alter auf sagenhafte 43 600 Jahre (Minimum!) bestimmt. Sie überlebte die letzte Eiszeit und auch die Trennung Tasmaniens vom australischen Kontinent.
Bekannt ist der Standort der Kings Lomatia nur den Botanikern und es bedürfte eines mindestens 7-tägigen Fußmarsches durch gefährliches Gelände, um zu ihr zu gelangen.
Im botanischen Garten von Hobart allerdings werden gerade die ersten Ableger gezüchtet, damit auch Normalsterbliche sie bewundern können.

EINMALIG ALT II.

Wie viele Exemplare der „Kings Lomatia“ finden sich im tasmanischen Regenwald?

Ein einziges Exemplar dieser Pflanze wurde bisher gefunden, **eben das Exemplar**. Es hat sechs Meter hohe, dünne Stämme, an deren oberen Ende Äste dunkelgrüne Blätter hervorbringen. Die roten Blüten dienen nicht der Samenbildung und Fortpflanzung, sondern nur der zweckfreien Entfaltung von Schönheit.

Die Kings Lomatia kommt in zwei Schluchten des National Park vor und ist doch nur ein einziger Organismus, der unter dem Berg hindurch mit einer 1,2 km langen Wurzel verbunden ist. Sterben Teile der Pflanze ab, erwachsen aus der Wurzel wieder neue Stämme. Und da sage noch einer, alle Wunder der Erde seien längst entschlüsselt!

Diese Kamelie ist eine alte Dame.

Wo steht die Serenissima Europas?

Unsere Geschichte führt nach Sachsen, in die prächtige **Parkanlage von Schloss Pillnitz** am Ufer der Elbe. Dort steht ein mittlerweile mehr als 250 Jahre alter Kamelienbaum. Das Wundergehölz – inzwischen hat es einen Durchmesser von 11 m und eine Höhe von 8,60 m – trägt bis zu 35 000 Blüten. Es ist die letzte von vier „Chinarosen", die im 18. Jahrhundert von Japan nach Europa gebracht wurden. Die anderen Exemplare gingen an den Londoner Kew Palace, Schloss Herrenhausen bei Hannover und das Wiener Schloss Schönbrunn. Sie sind inzwischen längst verblichen, nur die sächsische Camelia japonica gedeiht bis heute.

Und er sticht, sticht, sticht ...

Bei welchen Würmern

kommt es bei der

„Paarung" zum Hauen

und Stechen?

Beim Plattwurm Pseudoceros bifurcus. Er kommt im Meer vor Heron Island am südlichen Großen Barriereriff vor. Seinen Penis sticht er geradezu dem Paarungspartner hinein. Und da dieser, wie er selbst, ein Zwitter ist, versucht er auf der Stelle seinerseits zurückzustechen.
Der Versuch, sich gegenseitig mit Sperma voll zu pumpen, kann bis zu einer Stunde dauern. Dieses bizarre Hauen und Stechen hebt sogleich an, wenn sich zwei dieser Tierchen treffen. Die Wissenschaft bezeichnet das als „Penisfechten“.
Wenig romantisch oft, die Natur!

Was ist die *schnellste körperliche Tätigkeit* **von Lebewesen?**

Die schnellste bei Lebewesen bekannte körperliche Tätigkeit ist **der Flügelschlag einer ganz normalen Mücke.** Im Normalbetrieb schlägt sie 57000-mal in der Minute mit dem Flügel, das sind also 950 Schläge pro Sekunde. Im Vergleich dazu schlagen Honigbienen 250-mal und die rotkehligen Kolibris 75-mal in der Sekunde.
Für Notfälle, die wir beim Wahrnehmen des durchs Flügelschlagen erzeugten Sirrens sommernachts nur zu gerne herbeiführen, kann die Mücke ihre Frequenz auf bis zu 2000 Schläge pro Sekunde erhöhen.
Um das abzustellen, genügt uns ein Schlag in der richtigen Sekunde!

Alles nur noch pervers!

Transsexuelle Fische,

wo gibts denn so was?

Vor der Küste Okinawas, der größten der japanischen Ryūkyūinseln. Dort lebt der „Trimma Okinawae", ein Meeresfisch, der in weiblichen Verbänden mit einem männlichen Leitfisch lebt.
Dringt nun ein größeres Männchen in die Großfamilie ein, so mutiert der bisherige Chef einfach zum Weibchen; und sollte der neue Herrscher an eine Angel oder in den Schlund eines Hais geraten, so bildet der ehemalige wiederum seine männlichen Geschlechtsorgane aus. Dabei verändern sich bestimmte Hirnzellen, die ein bei vielen Wirbeltieren vorkommendes Fortpflanzungshormon kontrollieren. Sie befinden sich in der gleichen Hirnregion, die beim Menschen mit der Transsexualität in Verbindung gebracht wird. Da weiß man wirklich nicht mehr, ob Fisch oder Fleisch, ob Männchen oder Weibchen …

Der *bessere* Wetterfrosch.

Was leistet der Blutegel?

Die Leistungsfähigkeit des Medizinischen Blutegels, lateinisch: Hirudo medicinalis, bewies eindrucksvoll Dr. Merriweather (sic!) aus Whitby in Yorkshire. 1851 präsentierte er auf der Großen Ausstellung im Crystal Palace in London Blutegel in Gläsern, die teilweise mit Wasser gefüllt waren.
Blieben die possierlichen Tierchen am Boden, so verhieß das gutes Wetter, doch stand eine Wetteränderung direkt bevor, so **schleimten sie in ihren Gläsern nach oben**. Stand Regen an, so krochen sie an die Unterseite der Glasdeckel, wo sie eine Klingel in Gang setzten. Das Patent für dieses Gerät ist sicher schon abgelaufen …

Ein Freund der christlichen Seefahrt.

Wo lotste Jack der Tümmler?

Zwischen 1871 und 1912 konnten sich Seeleute, die ihr Schiff durch die French Pass steuerten, eine Passage bei der Insel D'Urville **vor der Küste der neuseeländischen Nordinsel**, auf einen Jack genannten Tümmler verlassen. Jack empfing jedes ankommende Schiff und lotste es durch die wegen ihrer Strömungen gefährliche Durchfahrt.
1903 schoss ein besoffener Passagier des Fährschiffs „The Penguin" auf den Delphin und verwundete ihn. Jack genas und führte nach seiner Rekonvaleszenz wieder alle Schiffe durch die French Pass – nur die „Penguin" nicht.

Alles klebt, einsam wacht …

Warum ein Uhu?

Der Uhu-Alleskleber, eine Substanz, deren verschiedene Aggregatzustände unseren Fingerkuppen seit Urzeiten vertraut sind (fühlen Sies?), ist weder ein Produkt aus Unterhusum noch ein Erzeugnis der Ultra-Haft-Union. Nein, ein Uhu sollte es sein. Als das schwäbische Multitalent, der Apotheker August Fischer, Anfang der Dreißigerjahre den Klebstoff entwickelte, **war der entsprechende Markt bereits von Geflügel erobert:** Es gab schon die Marken Pelikan, Schwan, Greif und Marabu. Der so gelassen auf dem Ast haftende Uhu war gerade noch frei.

Welche ausgestorbenen Vögel verdunkelten einst den Himmel Amerikas?

Die nordamerikanischen Wandertauben.
Ein Wandertaubenschwarm konnte aus bis zu 200 Millionen Exemplaren bestehen und bei einer Breite von 6 km eine Länge von über 400 km erreichen. Der Durchzug eines solchen Schwarms dauerte einige Tage und erzeugte durch den massenhaften Flügelschlag eine leichte Brise.
Intensive Bejagung durch die Siedler und die Zerstörung der Wälder, deren Eicheln und Bucheckern die Nahrung der Tauben bildeten, führten innerhalb von 300 Jahren zu ihrer vollständigen Ausrottung. 1889 wurden die letzten wilden Exemplare gesichtet, 1914 starb die letzte gefangene Wandertaube im Zoo von Cincinatti.

Welches einzigartige Museum hat Islands Hauptstadt Reykjavík zu bieten?

Seit August 1997 residiert hier **das erste Säugetierpenis-Museum der Welt**. Sein Gründer und unermüdlicher Sammler ist der Geschichtslehrer Sigurdur Hjartarson. Seine Obsession begann damit, dass er vor mehr als 20 Jahren den Schwellkörper eines gestrandeten Wals geschenkt bekam. Von da an richtete sich sein Ehrgeiz darauf, das Gemächt aller 52 Säugetiere Islands komplett präsentieren zu können.
Und wenn Sie gerade überlegen, ob er zu den Säugetieren auch …? Richtig: Zur Museumseröffnung vermachte ein damals 83-jähriger isländischer Ornithologe Hjartarson testamentarisch sein Geschlechtsteil. Vielleicht berichtet uns ein Island- und Museumsbesucher demnächst, dass das Erbe bereits angetreten wurde!

Affen im Schnee.

Wo kann

man derlei sehen?

In Japan. Dort leben die Rotgesichtsmakaken, eine Affenart, die sich außergewöhnlich hoch in den Norden vorwagt. Trotz ihres außergewöhnlich dichten Fells gibt es auch für sie Grenzen des Wohlbefindens. Und die liegen um den Gefrierpunkt. Bei diesen Temperaturen suchen sie heiße Thermalquellen auf, in die sie bis zum Halse hineinsteigen. Auf diese Weise überstehen sie badend kaltes Wetter und Schnee. Auch in unseren Breiten unbedingt nachahmenswert!

Klein, aber *oho!*

Wer ermöglichte früher den Nachweis von Arsen?

Ein Schimmelpilz mit dem etwas irreführenden Namen **Arsenpilz**. Er enthält keineswegs Arsen, war aber in Zeiten der Spitzenhäubchenmörder für die Überführung von Giftmischern sehr hilfreich. Kommt der Arsenpilz nämlich mit Arsenspuren in Kontakt, entfaltet sich ein fieser, kräftiger Knoblauchgestank. Seien Sie bei Ihrem Italiener an der Ecke aber nicht zu misstrauisch …

Empfindsame Wesen.

Welche Blumen sind

besonders wetterfühlig?

Als besonders wetterfühlige Blumen gelten **Enzian, Krokus und Tulpe.** Bei ihnen genügt eine vor der Sonne vorüberziehende Wolke, um ihre Blüten sich schließen zu lassen, schon ein Absinken der Temperatur um ein halbes Grad löst den Schutzmechanismus aus.
Als die schnellste gilt eine Enzianart namens Gentiana quadrifaria, die bei raschem Absinken der Temperatur nur ganze 10 Sekunden braucht, um den Blütenkelch zu schließen. Dies geschieht durch rasche Ausdehnung der unteren Fläche der Kelch- und Deckblätter. Bei sich erwärmendem Wetter hingegen dehnt sich die obere Fläche der Blume aus und öffnet die Blüte.

Schuld war nur der Mond.

Woher stammen

die Werwölfe?

Die Herkunft der Werwölfe **liegt im Dunkeln**. Schon die alten Griechen kannten sie und Nebukadnezar II. (†562 v. Chr.), der die Juden in die „Babylonische Gefangenschaft“ führte, soll bisweilen geglaubt haben, er sei ein Wolf. Bei den Navajo graben die Werwölfe Tote aus und reißen Schafe und im 16. Jahrhundert fanden in Europa zahlreiche Hinrichtungen wegen Lykanthropie statt.
Man kennt sie auf der ganzen Welt und überall bewirkt der Vollmond die Verwandlung. Beitrittsmöglichkeiten zu diesem sagenhaften Klub, dessen Mitglieder sich geradezu glückhaft lebendig und energiegeladen fühlen, sind vielfältig: sich durch Biss anwerben lassen, bei Vollmond einen Gürtel aus Menschenhaut tragen usw. Jedenfalls sind die Chancen höher, als ein Vampir zu werden …

6. Kapitel

Histörchen

Eine Mordskiste!

Was fuhr Erzherzog

Franz Ferdinand?

Einen großen **Graf & Stift Phaeton** mit Vierzylindermotor und dem ersten sensationellen Vorderradantrieb. In diesem Wagen wurde der österreichische Thronfolger denn am 28. Juni 1914 in Sarajevo erschossen – mit den bekannten Folgen.
Die nächsten 12 Jahre gehörte das Gefährt 15 verschiedenen Privatpersonen und war in sechs schwere Unfälle verwickelt, bei denen 13 Menschen ums Leben kamen. 1926, nach einem letzten Unfall in Rumänien, hatte man endlich ein Einsehen und zog das Mordinstrument aus dem Verkehr.
Im Museum für Kriegsgeschichte in Wien kann man den schauerlichen Wagen noch „bewundern".

Notorisch: *Chevalier* *oder* *Chevalière* *d'Eon?*

Die Frage des Geschlechts von Charles Geneviève Eon de Beaumont (*1728, †1810) beschäftigte halb Europa. Nachdem er 1755 in geheimer Mission in St. Petersburg wiederholt in Frauenkleidung aufgetreten war, **galt der zierliche, bartlose Chevalier d'Eon jahrzehntelang als Frau.**
1768 führten allerdings Spekulationen über sein Geschlecht zu heftigem Wett- und Prozessgeschehen in London. Als er dann 1777 nach Frankreich zurückkehrte, war die Regierung der Sache überdrüssig und verdonnerte ihn, um die Angelegenheit endgültig zu klären, zum ständigen Tragen weiblicher Kleidung. Das wird dem notorischen Transvestiten nur recht gewesen sein.

Lieber Perikles ...

Womit beglückte Alcibiades Simonides Gelehrte und Gekrönte?

Mit Fälschungen. Der albanische Chemiker und Künstler (!) Alcibiades Simonides (*1818, †1890) begann seine internationale Laufbahn damit, dass er 1853 König Otto I. von Griechenland (*1815, †1867) ein Originalmanuskript von Homer verkaufte. Als man die Fälschung entlarvte, war er schon verschwunden.

Später verkaufte er türkischen Gelehrten und Paschas fleißig assyrische, ägyptische und griechische Manuskripte. Einen seiner besten Coups landete er in London, wo der Herzog von Sutherland darauf bestand, von ihm u. a. Briefe von Feldherr Belisar an seinen Kaiser Justinian und von Alkibiades an Perikles zu erwerben. Nie verbrachte Simonides einen Tag im Gefängnis und er starb wohlhabend in reifem Alter. Crime doesn't pay?

Praktisch ein Wrack.

Woran litt

Admiral Nelson?

Zu den Krankheiten, die Horatio Nelson (*1758, †1805), britischer Seeheld, teilweise auch öfters durchlitt, gehörten: Malaria, Gelbfieber, Tuberkulose, Skorbut und Lähmungen.
Das schlimmste Leiden aber war für ihn – peinlich, peinlich – **die Seekrankheit**, gegen die er zeitlebens kein Mittel fand.
Zu allem Überfluss verlor er dann auch noch vor Korsika ein Auge, auf Teneriffa einen Arm und bei Trafalgar sein Leben. Wundert es da, dass er auch schwere Depressionen hatte?

Ist Johannes der Täufer der Erfinder der Taufe?

Die von Johannes gepredigte Taufe war ein uralter, aus der sumerischen Tempelstadt Eridu überkommener **Ritus des Wassergottes Ea**, des „Gottes des Hauses der Wasser". Sein Symbol war das zehnte Tierkreiszeichen Capricornus (ein Mischwesen – vorne Ziege, hinten Fisch –, der „Steinbock"), in dem zur Wintersonnenwende (damals der 25. Dezember) die Sonne wieder geboren wird. Ea wurde in hellenistischer Zeit Oannes genannt, was zu griechisch Ioannes, hebräisch Johanan, lateinisch Johannes wurde. Die reale Existenz Johannes des Täufers ist unter anderem durch den jüdischen Geschichtsschreiber Josephus (*37/38, †100), einen Zeitgenossen des Evangelisten Markus, der seinen Bericht mit der Taufe Jesu beginnen lässt, verbürgt. Wie er allerdings zu Name und Ritus kam, scheint eines Nachsinnens schon wert.

Ihren Kopf, Monsieur!

War Salome für den Tod Johannes' des Täufers verantwortlich?

Nirgendwo taucht in den profunden Quellen **der Name Salomes auf.** Auch bei Markus 6, 14–29 ist immer nur von der Tochter der Herodias, der Frau des Tetrarchen Herodes Antipas (*20 v. Chr., † nach 39 n. Chr.), die Rede. Herodias war es laut Markus auch, die ihrer Tochter nach dem rauschenden Erfolg beim Sieben-Schleier-Tanz den Tipp gab, sich als Ehrengabe den Kopf des Johannes auszubedingen, der dann auch prompt auf einer Schüssel geliefert wurde. Herodias hegte gegen Johannes wegen zugegebenermaßen etwas kleinlicher moralischer Anwürfe einen besonderen Groll.
In dieser erstklassigen Story musste die ausbaubare Gestalt der Tochter natürlich später einen Namen bekommen. Unbestritten und verbürgt ist allerdings nur, dass Herodes den Bußprediger hinrichten ließ.

HERODES

war an allem

SCHULD.

Welcher?

Herodes der Große (*um 73, †4 v. Chr.), der mit dem bethlehemitischen Kindermord, hatte zwei Söhne namens Antipatros; so hießen allerdings auch sein Vater und ein Enkel, der zugleich sein Großneffe war. Er heiratete zweimal eine Mariamne und so hießen auch zwei seiner Enkelinnen, von denen eine ebenfalls seine Großnichte war und seinen Enkel Herodes, König von Chalkis, heiratete.
Herodes des Großen Söhne hießen Herodes, Herodes Philippos, Herodes Archelaos und Herodes Antipas, der der zweite Mann seiner Enkelin Herodias wurde. Erwähnten wir eigentlich schon den Herodes-Enkel Herodes Agrippa, der Petrus einkerkern und Jakobus d. Ä. enthaupten (!) ließ, und Urenkel Herodes Agrippa, der mit Paulus ein anregendes Gespräch hatte …???

POTEMKINSCHE GERMANEN.

Wie unterhielt man Kaiser Caligula?

Caligula (*12, †41), ein rechtes Früchtchen auf dem römischen Kaiserthron, pflegte bei Gewittern Jupiter herauszufordern, indem er Steine in die Wolken schleudern ließ und höhnisch brummend das Donnern nachäffte.
Um nicht an Langeweile zu sterben, imitierte er auch Cäsars Kriegszüge nach Britannien (am Kanal war Schluss) und ins rechtsrheinische Germanien. Das Ganze war eine totale Operettenveranstaltung, bei der sich **Germanen seiner Leibwache, als Chatten und Cherusker verkleidet**, in den Wäldern des Taunus versteckten und sodann als „Gefangene“ triumphal ins Lager zurückgeführt wurden. Prominentenjagd eben!

Wessen Tod löste 1703 eine europäische Finanzkrise aus?

Der Tod von **Samuel Oppenheimer** (*1630, †1703), des Hofjuden Kaiser Leopolds I. in Wien. Drei Jahrzehnte lang hatte er als Armeelieferant gedient.
Mit einem ausgeklügelten logistischen System besorgte er mittels eines Agentennetzes in ganz Europa Sold für die Armeen, Uniformen, Pferde, Proviant, Kriegsgerät und Flöße, um alles zu transportieren. So unterstützte er den Habsburger beim Pfälzischen Krieg sowie dem Spanischen Erbfolgekrieg und war vor allem bei den Türkenkriegen der entscheidende Finanzier. Ohne ihn hätte Wien 1683 den Türken nicht widerstehen können.
Nach seinem plötzlichen Tod weigerte sich der Wiener Hof allerdings, die Schulden in Millionenhöhe zurückzuzahlen, was zahlreiche Kreditgeber in ganz Europa an den Rand des Ruins brachte.

Dicke Suppe.

An welcher Entdeckung wurde Drake durch Nebel gehindert?

Nachdem Francis Drake (* um 1540, † 1596) Südamerika umschifft hatte und lustig spanische Schatzschiffe kapernd mit seiner „Golden Hind“ die Westküste des Kontinents hinauffuhr, kam er 1579 vor der kalifornischen Küste in einen dichten Nebel, aus dem er fast einen ganzen Monat lang nicht herauskam.
Ungehalten beschwerte sich der Tatmensch „über diese undurchdringliche Nebelsuppe und den beißenden Dunst“. Er konnte noch nicht einmal ahnen, wie berechtigt sein Unmut war: Die Suppe verhüllte ihm einen der schönsten natürlichen Häfen beider Amerikas: **die San Francisco Bay**. Die musste dann noch 200 Jahre warten, bis die Spanier sie entdeckten.

Wer arbeitete zum ersten Mal bei der Zeitrechnung mit Jahren „nach Christi Geburt"?

Dionysius Exiguus (*um 500, †um 540), ein in Skythien geborener Mönch. Er erhielt 525 von Papst Johannes I. den Auftrag, neue Ostertafeln für die Zeit ab 532 zu erstellen, da die alten nur bis zum Jahr 531 gingen. Bei diesen Tafeln handelte es sich um langfristige Berechnungen der Ostertermine, mit denen man Streitigkeiten zwischen westlichen und östlichen Kirchen um das korrekte Datum, an dem Ostern zu feiern war, schlichten wollte.
Hatte man bis dahin noch „nach Diokletian" gerechnet, erhob Dionysius nun gewichtige Einwände dagegen: „… wollten wir unseren Zyklus nicht mit der Erinnerung an diesen Gottlosen und Christenverfolger verbinden, sondern haben es vorgezogen, zu Beginn die Zeit nach Jahren seit der Geburt unseres Herrn Jesus Christus zu notieren."

Auf der Suche nach der Nordwestpassage:

Was brachte

der Entdecker Frobisher

mit heim?

Von seiner Forschungsfahrt 1576, die ihn bis 63° Nord führte, brachte Martin Frobisher (*um 1535, †1594) von der Südküste der Insel Baffinland einen Klumpen glitzernden Erzes mit, das er für Gold hielt. Indes es war Pyrit, auch **Katzengold** genannt.
Zu Hause war man über das „Gold“ so erfreut, dass Frobisher zum Großadmiral aller Meere und Gewässer, Gebiete, Länder und Inseln usw. usw. ernannt wurde: der dickste Titel seit Kolumbus.
Von einer zweiten Fahrt 1577 brachte Frobisher 200 Tonnen Katzengold mit und die Experten frohlockten erneut über das „Edelmetall“. 1578 holte man dann gleich 1350 Tonnen Glitzergestein. Diesmal wurde der Irrtum endlich offenbar, worauf sich die Anwälte an den Prozessen eine goldene Nase verdienten und die ausrüstende Cathay Company Pleite ging.

Nicht bei

Sotheby's!

Wann wurde

die Welt versteigert?

Im Jahre **193 n.Chr.** lag, natürlich eigener Einschätzung nach, die gesamte „zivilisierte“ Welt im Machtbereich Roms. Nachdem in diesem Jahr die Prätorianer (die kaiserliche Leibgarde) Kaiser Pertinax ermordet hatten, wurde vorgeschlagen, den vakanten Posten zu versteigern. Die öffentliche Auktion fand am 23. März statt.
Gegeneinander boten Titus Sulpicianus, Stadtpräfekt und Schwiegervater des Pertinax, und der reichste römische Senator, Didius Julianus. Für schlappe 300 Millionen Sesterzen ging das Römische Weltreich an Didius Julianus. General Septimius Severus marschierte daraufhin mit seinen Truppen gen Rom und ließ Didi 66 Tage nach der Auktion enthaupten.

Gottes seltsame Wege:

Was verbindet Churchill mit dem Entdecker des Penizillins?

Winston Churchill (*1874, †1965) wurde in jungen Jahren (die Angaben differieren) von einem Bauernburschen namens Alexander Fleming (*1881, †1955) **vor dem Ertrinken** im schottischen Lochfield-See **gerettet**. Zum Dank finanzierte die Familie Churchill Fleming das Medizinstudium.
1928 entdeckte Fleming das Penizillin, das Churchill bei einer schweren Erkrankung vor der Jalta-Konferenz (1945) das Leben rettete. Und noch mehr Verbindungslinien gibt es zwischen Fleming und Churchill: Beide erhielten einen Nobelpreis, Fleming 1945 den für Physiologie oder Medizin, Churchill 1953 den für Literatur. Zudem waren beide Freimaurer.

Raleigh war ein heller Kopf.

Was geschah

aber mit demselben?

Sir Walter Raleigh (*um 1554, †1618), Schriftsteller, Entdecker, Kaperfahrer und Günstling Elisabeths I., wurde im Interesse der prospanischen Politik Jakobs I. enthauptet. Aber nur sein Rumpf wurde begraben. Seinen markanten Kopf ließ sich seine Frau, Elizabeth Throgmorton, **einbalsamieren** und verwahrte ihn in einem roten Lederbeutel 29 Jahre lang bis zu ihrem Tod bei sich.
1666 wurde Raleighs Sohn Carew zusammen mit dem Kopf in der Gruft seines Vaters bestattet. Doch Kopf und Rumpf Raleighs blieben nicht beisammen. Schon 12 Jahre später wurden Kopf und Carew wieder exhumiert und fanden nun in West Horsley in der Grafschaft Surrey zusammen ihre endgültige Ruhestätte.
Was sich die Leute nur dabei gedacht haben …

Auch hier gings

um Kopf und Kragen.

Was wurde aus Karls I.

viertem Halswirbel?

Karl I. (*1600, †1649), König von England, wurde auf Betreiben Oliver Cromwells enthauptet und in der Gruft Heinrichs VIII. in Windsor Castle beigesetzt. Erst 1813 wurden beide Särge wieder entdeckt. Bei der Autopsie stibitzte der königliche Chirurg Henry Halford die Hälfte des vierten Halswirbels Karls, den der Henker per Axt sauber in zwei Scheiben zerlegt hatte.

Ganz dem eigentümlichen Humor seines Volkes verpflichtet, machte sich Halford die nächsten 30 Jahre einen Spaß daraus, bei den Dinners seine Gäste darauf aufmerksam zu machen, dass das **Salzfässchen** auf dem Tisch aus einem königlichen Halswirbel bestehe. Queen Victoria fand das überhaupt nicht amüsant und ließ 1848 den Knochen in Karls Sarg zurücklegen. Da liegt er heute noch.

Ein glatter Sieg.

Wie schlug die französische Kavallerie die holländische Flotte?

Nachdem im 1. Koalitionskrieg gegen das revolutionäre Frankreich 1792 die österreichischen Niederlande erobert worden waren, führte der französische General Charles Pichegru den entscheidenden Schlag gegen Holland im Winter 1794/95. Bei klirrender Kälte (es herrschte gerade die kleine Eiszeit) rückte er mit seiner Husarenreiterei auf Amsterdam vor.

Am 20. Januar 1795 erspähten die Franzosen draußen vor der Insel Texel die etwas steif wirkende holländische Flotte – **sie war im Eis eingefroren.** Ohne langes Zögern galoppierte Pichegru mit seiner Kavallerie übers Meer, griff die Schiffe an und überwältigte die diese Kampfform nicht gewohnten Seeleute. Und Holland kapitulierte!

7. Kapitel

Sport & Spiel, Sang & Klang

Wie kann man sich

für die

Poker-Weltmeisterschaft

qualifizieren?

Nicht nötig. Um an der Poker-Weltmeisterschaft in Las Vegas teilzunehmen, brauchen Sie nur eins: Money! Sie müssen sich eintragen und 10 000 Dollar Eintrittsgeld bezahlen.
Gespielt wird Seven-Cards-Stud-Poker, das heißt, für jeden Spieler gibt es zunächst zwei verdeckte Karten, danach fünf offene Karten auf den Tisch und es gewinnt die stärkste Kombination von fünf Karten. Die Gewinne werden vom Startgeld der Teilnehmer finanziert (1997 waren es 312), der Sieger bekommt eine Million Dollar.
Aber bevor Sie nach Las Vegas fahren, lesen Sie am besten noch Doyle Brunsons Klassiker „How I won over $ 1 000 000 playing Poker". Besonders das Kapitel über Seven-Cards-Stud. Viel Glück!

*Welches **Spiel** stand im 17. Jahrhundert auf dem Lehrplan des französischen **Adels**:*

- ♦ *Jeu de paume,*
- ♦ *Billard,*
- ♦ *Tarock?*

Auf den Lehrplan der von ihm geschaffenen Königlichen Akademie für den Adel setzte Kardinal Richelieu (*1585, †1642) neben Mathematik, Fechten und Geschichte auch **Billard** (sein König, Ludwig XIV., spielte selber jeden Abend). Um diese Zeit gelangten auch die Kugeln auf Eichentische, zuvor hatte man mit gekrümmten Stöcken auf dem Boden gespielt.
Seine heutige Gestalt erhielt es erst 1823, als man begann, die Spitze des Queues mit Leder zu überziehen. Zu den leidenschaftlichsten Billardeuren aller Zeiten gehörte Mozart, der aber leider recht mäßig spielte und in unermüdlichen Partien gegen Könner Unsummen Geldes verlor.

NICHT NUR BEI DER ROCHADE AKTIV.

Wie kam der Turm ins Schachspiel?

Um 600 v. Chr. lernten die Perser das Schachspiel von den Indern. Die horizontal und vertikal ziehende Eckfigur war zu dieser Zeit ein Kampfwagen, den die Perser „Rukh“ nannten.
Von den Persern übernahmen die Araber das Spiel. Um aber zu Zeiten der Ausbreitung des Islams dessen Bilderverbot zu umgehen, schufen sie abstraktere Formen der Spielfiguren – die uns, natürlich in Abwandlung, heute noch vertraut sind –, behielten aber Namen und Funktionen bei.
Die Europäer interpretierten die nunmehr **markanten Kerben als Zinnen und die Figur als Turm**.
In England heißt sie seltsamerweise immer noch „rook“ und auch in der Rochade scheint der alte Kampfwagen noch auf.

Ach, wie war es doch vordem …

Wie war bei den klassischen Olympiaden der Amateurstatus geregelt?

Überhaupt nicht. Das Märlein vom schlichten Palmenzweig als Siegeslohn hält einer Nachprüfung nicht stand. Hübsches Blätterwerk gab es zwar auch, aber hinzu kamen für die Sportler: Rundumbetreuung durch Trainer, Masseure, Ärzte und Köche, Spesen und Preisgelder.
Mit einem Olympiasieg erwarben die antiken Sportler u. a. Bargeld, Steuerfreiheit, ein Denkmal, Lebensrente. Sie übten ihre Tätigkeit wie heute als Beruf aus, denn es gab neben den Classic Olympics auch noch andere lukrative Wettspiele, etwa die Pythischen oder die Nemeischen Spiele, bei denen bekannte Cracks beträchtliche Antrittsgelder forderten und bekamen. Was die Funktionäre bekamen, ist nicht bekannt!

Olympia 1904.

Wie gewann Hicks den MARATHON?

Mit der tatkräftigen Hilfe seines Trainers!
Beim Marathonlauf der Olympischen Spiele von St. Louis war der Amerikaner Thomas Hicks nach etwa 35 km der Strecke völlig am Ende und sein Trainer sah sich gezwungen, ihn mit einem Tausendstel Gramm Strychnin wieder aufzupeppen. Drei Kilometer weiter wollte sich Hicks einfach nur hinlegen, erhielt daraufhin noch einmal dieselbe Dosis Strychnin, zwei Eier und einen Schluck Brandy. Die gleiche Mischung dann noch einmal kurz vor dem Stadion, das er unter Halluzinationen schlurfend erreichte. Hicks' Trainer erklärte, es habe sich gezeigt, „dass Drogen für die Athleten beim Straßenlauf von großem Nutzen sind".
Nicht nur beim Straßenlauf, guter Mann!

OLYMPIA 1932 in Los Angeles.

Wo spielte sich der aufregendste Ringkampf ab?

In der Ringergarderobe. Der Italiener Marcello Nizzola rastete nach einer Niederlage gegen den Deutschen Jakob Brendel völlig aus und stürzte sich mit einem Dolch auf den ahnungslosen Bantamgewichtler.
Doch ein hünengroßer US-Polizist höherer Gewichtsklasse stoppte den Angriff im sizilianischen Stil, griff sich den Rasenden und schulterte ihn im totalen Freistil. Brendel zeigte keine Nerven, ging hinaus und sicherte sich die Goldmedaille.

HELDEN!

Was leisteten die tunesischen Fünf-kämpfer 1960 in Rom?

Beim modernen Fünfkampf der Olympiade leistete die tunesische Mannschaft **Einmaliges**: Beim Reiten fielen alle vom Pferd; beim Schwimmen wäre beinahe einer von ihnen ertrunken; beim Schießen mussten sie leider den Platz verlassen, weil ihre Künste das Leben der Schiedsrichter gefährdeten; beim Fechten schließlich entdeckte man, dass sich bei den Kämpfen immer derselbe hinter der Maske verbarg – die anderen Kameraden konnten überhaupt nicht fechten!

Polo zu Fuß.

Wer brachte Hockey nach Indien?

Der plausibelsten Theorie zufolge waren es die Anhänger der Zarathustra-Religion, **die Parsen**.
Nachdem im Jahre 642 die Araber das persische Sassanidenreich erobert hatten, mussten die Parsen fliehen und siedelten sich in der Folgezeit in Indien an, im Großraum Bombay.
Ihre Leidenschaft für Polo hatten sie mitgebracht, allein es fehlte am Geld für Pferde. Und so spielten sie eben „Polo zu Fuß“. Noch heute stammen viele der besten indischen Hockeyspieler aus der Gegend von Bombay.

Vom Eunuchen zum Gesangsstar.

Wer sorgte für die Glanzzeit der Kastraten?

Die katholische Kirche. Die Ausgangslage war gegeben durch Paulus: „Das Weib schweige in der Kirche." Dadurch fehlten natürlich die Frauenstimmen, ein Part, den die Countertenöre übernahmen.
Der Countertenor singt in der Altstimmlage und bewältigt diese Tonhöhen hauptsächlich durch sein Falsettregister (von lat. „fauces" = Kehle), also mit dem, was von der Knabenstimme übrig geblieben ist.
Alles änderte sich mit Papst Klemens VIII. (*1536, †1605), der 1601 – obwohl die katholische Kirche die Kastration verboten hatte – den ersten Kastraten für seine Hauskapelle engagierte. Erst 1903 gab es im Vatikan ein Einstellungsverbot für Kastraten. Das letzte dieser päpstlichen Singvögelchen starb 1922 in Rom.

Kein bisschen kastriert.

Wie überlebte der Countertenor?

Vor dem Ansturm der Kastratenstimmen wichen die Countertenöre ins Protestantische aus; auch Heinrich Schütz und J. S. Bach besetzten ihre Kirchenchöre mit ihnen. Doch wurden hier schon bald Frauen zugelassen. Blieb noch die Oper, wo ihre leichte Stimme aber immer stärker von der Virtuosität und Kraft der Kastraten verdrängt wurde.
Nur **in Englands Kirchenchören** wurde die Tradition der Countertenöre weiter gepflegt. Für ihre Renaissance sorgte ab den Fünfzigerjahren Alfred Deller (*1912, †1979), Falsettsänger an der St.-Pauls-Kathedrale in London. Er beschloss als Solist aufzutreten und rekreierte das vom Komponisten Henry Purcell (*1659, †1695) benutzte Wort für den Altstimmensänger: „Countertenor".

Wer erfand das *Jodeln?*

Sie können Ihre alpenländischen Erwägungen sofort abbrechen. Das oft als Ausdruck unbändiger Lebensfreude missdeutete penetrante Wechseln zwischen Brust- und Kopfstimme wurde **schon im Alten China praktiziert**, findet sich aber genauso in den musikalischen Traditionen Balis, Indonesiens, Thailands, Rumäniens und bei diversen Kaukasusvölkern.
Erst Ende des 18. Jahrhunderts kam das Jodeln in Österreich auf. Mit welchen Folgen, ist ja hinlänglich bekannt.

Welches *Talent*
brachte der beste
Film-Tarzan
aus Europa mit?

Johnny Weissmuller (*1904, †1984), als János Weissmüller im k.u.k.-Örtchen Szabadfalu geboren, überragender Schwimmer der Zwanzigerjahre (5 Olympiasiege, 67 Weltrekorde), **konnte schon in seiner Jugend eines besonders gut: Jodeln.** Wie bei den Schwimmwettbewerben ließ er auch bei Jodelwettbewerben die Konkurrenz hinter sich.
Bei seiner Filmkarriere als Tarzan konnte er mit dieser Gabe Maßstäbe setzen: Sein Jodeln wurde Hauptbestandteil von Tarzans Triumphschrei, der so einmalig und markerschütternd durch den Urwald dröhnte, dass damit auch Johnnys des Jodelns unkundige Filmnachfolger tonlich unterfüttert wurden.

Play it again, Sam.

Wer sagts

in „Casablanca"?

Niemand. Der Ausspruch ist eine der seltsamen Sagen der modernen Kinomythologie. Weder Humphrey Bogart noch Ingrid Bergman äußern den Satz im Verlauf des Films.
Am nächsten heran kommt noch ein Satz, den die Bergman an den Pianisten Sam richtet: „Play it once, Sam, for old time's sake." Spiels nur einmal, Sam, um der alten Zeiten willen.
Da damda dadada …

Falschspieler
oder
Genie?

Wer war der erfolgreichste Musikfälscher?

Der Wiener Geiger Fritz Kreisler (*1875, †1962), unbestritten einer der größten Geiger des Jahrhunderts. Zur Entfaltung seines geigerischen Genies reichten ihm die klassischen Repertoirestücke für Solovioline bei weitem nicht aus. Und so bereicherte er seine Auftritte mit Bravourstücken relativ unbekannter Komponisten wie Pugnani, Fancœur, Padre Marini, Couperin u. a.
All dies habe er „in Bibliotheken und Klöstern gefunden, während ich Rom, Florenz, Venedig und Paris bereiste". Die „kleinen Meisterwerke" hatte er samt und sonders selbst komponiert. 1935 offenbarte er das, mehr so nebenbei, auch gegenüber Olin Downes, dem Musikkritiker der „New York Times". Es gab einen Riesenskandal, den der Künstler völlig unbeschadet überstand.

Die Kunst, LÄRM zu machen.

Wer veranstaltete

ein Konzert

unter diesem Titel?

Der Begründer des Futurismus, **Emilio Filippo Tommaso Marinetti** (*1876, †1944). Am 22. April 1914 kamen in Mailand trotz hoher Eintrittspreise 2000 Leute zusammen, um ein Konzert mit dem besagten Titel zu erleben.
Programmpunkte: 1. Das Erwachen einer Stadt, 2. Auf der Terrasse des Kursaals Diana, 3. Automobile und Aeroplane. Auf der Bühne waren in einem Halbkreis ein Dutzend Riesengrammophone drapiert, an deren Kurbeln Künstler standen, die sie auf Zeichen eines „Dirigenten" hin betätigten. Das Publikum wirkte, ausgestattet mit Kindertrompeten, Blechtrichtern, Trambahnpfeifen, Automobilhupen und ähnlichem Gerät, derart engagiert mit, dass von dem „eigentlichen" Konzert wenig zu hören war. Das Ganze endete in einer Massenkeilerei.

Ete, nicht petete.

Wer war der
schwimmende Nurmi?

Im März 1926 unternahm **Erich „Ete“ Rademacher**, genannt der „Nurmi des deutschen Schwimmsports“, eine denkwürdige Tournee durch die USA.
Zunächst begann er in New Haven/Connecticut mit einem Weltrekord (5:50,42 min) über 400 m Brust.
In Buffalo/New York ließ er einen weiteren Weltrekord (2:29,0 min) über 200 m Brust folgen.
In Philadelphia schließlich packte er richtig aus und schlug eine Staffel von fünf amerikanischen 100-m-Schwimmern; er stellte dabei auch über die 500-m-Bruststrecke einen neuen Weltrekord auf.
Am Ende seiner Amerika-Reise hielt er im Brustschwimmen die Weltrekorde über sämtliche Distanzen. Klasse, Ete!

Für welchen

französischen Prinzen war

die Zahl 12

von unvergleichlicher

Bedeutung?

Für **Louis François de Bourbon, Prince de Condé** (*1717, †1776). In einer einzigen Nacht vergnügte er sich mit einer gewissen Madame Deschamps sage und schreibe zwölfmal. Von seiner eigenen Leistung schier überwältigt, ließ sich das tapfere F… die Zahl auf sämtliche Knöpfe prägen und seine Hemden damit besticken. Er schaffte sich 12 Geschirre, 12 Gewehre und 12 Degen an, ließ sich zu jedem Dinner 12 Gänge reichen und stets 12 Louisdor Trinkgeld springen.
Nicht ganz so potenten Vertretern seiner Gattung bleibt ein Trost: Der Mann scheint nicht allzu viel in der Birne gehabt zu haben!